風俗に4500万円使った

史上最強の風俗バカ

ヒクソン☆高田

彩図社

はじめに

４５００万円……。

この金額が何を意味するのか？　貯金や年収であれば嬉しい金額だし、借金であったら逆に恐ろしい……。とにかく大きな金額といってもいいだろう。

これは俺、ヒクソン☆高田が約四半世紀を費やし、〝ある趣味〟につぎ込んできた金額だ。いや、趣味なんて甘っちょろいものじゃない。俺にとっては〝生きざま〟といえるものだし、ライフワークといえるもの……なのかもしれない。

ちょっと話は変わるけど、みなさんはいったい自分の趣味にどのくらいのお金を使っているだろうか？

たとえば、絵画やアンティークの収集だったら、冒頭に挙げた金額はさして高いとは思われないかもしれない。聞くところによると、絵画や彫刻、壺とかってひとつで４、５０００万円するものも珍しくないんでしょ？　まぁ、俺はそのテのことに詳しくないから知らんけど。逆に駄菓子に費やすとしたら果てしない金額だし（←極端な喩えだな、オイ！）、個人的には社会人になって約30年の自分の年収から換算すると、「よくもまぁ、こんなに使ったよな〜」という金額だ。

さて、この4500万円という金額を俺、ヒクソン☆高田はどのような趣味（もしくは生きざま、ライフワーク）に費やしたのか？

この本を手に取っている方は、すでにお気づきだろう（←長々ともったいぶるなって）。

それは『風俗』だ！

風俗……より正確にいえば「性風俗産業」。ようは、快楽を求めて、そういうお店でお金を払ってエッチなことをするっていうことである。

俺は約四半世紀にわたって風俗店に通いつめて、気が付いたら今現在までに4500万円をつぎ込んできた。風俗以外に趣味といえるのは、プロレスぐらい。その他、男女交際をはじめ、金のかかるものはすべて風俗の邪魔になると判断し、人生から切り捨て、風俗道をただまっすぐに突き進んできた。

俺にとって風俗は、特別かつ神聖なもの。その魅力を全身で余すところなくしゃぶりつくすために、俺は様々なマイルールを決めて、それを実践してきた。

そんな俺の姿をおもしろいと思ってくれたのか、風俗誌や一般誌、そしてＢＳの深夜番組など、いろいろな媒体が取り上げてくれた。そうして、いつしか俺は単なる風俗の客を超えた存在になった。そう〝カリスマ風俗客〟になったのだ……。

まあ、それが俺、ヒクソン☆高田だ。ときには〝プロの風俗客〟なんて呼ばれたこともあったけど、〝プロ〟なのに金を払うのは俺の方ってのがヘンだから、これは却下。最近では『２０００人に手こかれた男』というキャッチフレーズを自分で考えたけど、イマイチ浸透せず（俺的には気に入ってるのにな～）。

風俗に出会って、約20年。現在でも昼間稼いだ金のほとんどを、風俗につぎ込む生活だ。そんな俺の行動（愚行？　奇行？）を知って、最近つけられた称号が『風俗バカ』という、これ以上ない、風俗ユーザー冥利に尽きるもの。

しかし、いったい、俺はなぜここまで風俗にハマってしまったのか？

『風俗バカ』と呼ばれるほど、人生のすべてを捧げてしまったのか？

俺自身も何が何だか、もはや訳もわからなくなりかけていたとき、彩図社という出版社の編集者が俺に興味を持って本を出さないかと誘ってくれた。

まったく「アンタも好きね～」って感じだけど、50歳（↑俺もけっこういい年なんだよ）を目前にして、よい記念になるんじゃないかと思った。自分があとどのくらい生きるのかは知らないけど、改めて積み重ねた４５００万円の行方を振り返ってみるのもアリかなと思った次第だ。

だから決心して、筆おろし……いや、書下ろしをしたぞ！

この本がバカ売れしたら、風俗に使った額５０００万円突破も夢じゃない……。なんて妄想をしている、俺。

ヒクソン☆高田という風俗バカの一代記をお楽しみください。

２０２０年12月　著者記す

ヒクソン☆高田　風俗バカ語録

異常なまでの風俗へのこだわりと情熱から、敬意と軽蔑を込めて〝風俗バカ〟と呼ばれるヒクソン☆高田。彼のその特異な生き様は、風俗へのほとばしる熱い思いを語った「風俗語録」によく表れている。数多くある「ヒクソン☆高田　風俗バカ語録」のうち、ここではその代表的なものをいくつかご紹介しよう。

語録1

「風俗とは、『ドラ〇エ』である」

――通うたびに、自分自身とキャストさんが成長していくのが風俗の魅力。風俗は気持ちがいいＲＰＧゲームなのだ。

語録2

「モテたければ1日60分でいいからがんばれ！」

――キャストさんにモテるための鉄則。プレイ時間だけがんばれば、後は暗くてもよし（実際、風俗に行かない休日は一言も喋らない日々……）。

語録3

「誰も思いつかないことをやるのが〝カリスマ〟」

――風俗バカの日課は、キャストさんにとってその日1番の印象に残る客になること。そのためには（くだらなくて）誰もやらないことをやるのだ。

語録4

「〝地雷投資〟は上級者の遊び」

――元々は地雷だったキャストを何回も通うことによって更正させ、あわよくばランキング上位嬢にまで成長させる。風俗上級者にのみ許された遊び。

語録5

「無駄にあえげ！」

――キャストさんのヤル気を煽るため、プレイ中はやりすぎなくらいに声を出せ！

語録6

『君は人気でるよ』は魔法の言葉」

――新人に言うと喜ぶセリフ。新人もベテランもプレイ中はとにかくほめちぎれ。

語録7

「世の中、抜きか、非抜きかである」

――世の中、この二極化である。抜き＝風俗、非抜き＝美容院（意味不明）。

語録8

「キャストよりもまずスタッフと仲良くなれ」

――〝将を射んと欲すればまず馬を射よ〟の派生。スタッフと仲良くなっておくと、飲みの席にキャストさんをつれてきてくれるなど、ちょっといいことがある。

語録9

「男なら〝テコ友〟を持て！」

――「テコ友」とは、セフレのライト版。手コキ以上を求めてきたらサヨナラ。

語録10

「you の御 hip 様を me の腐れ face に sit down please!」

――顔面騎乗に導くためのオマジナイ。

語録11

「俺はテコかれにきているんだ!」

――ある日の風俗で「面倒くさいから挿れる?」、開口一番、俺は説教しましたよ。「はあ、ふざけんな!」と。俺が求めるのは手コキのみ。粘膜接触はイラないのだ。

語録12

「風俗は手コキにはじまり、手コキに終わる」

――ヒクソン☆高田の風俗哲学が込められた言葉。手コキは万物の源とのこと。

以上が、「ヒクソン☆高田　風俗語録」の一部である。なぜ彼がこのような発想を持つにいたったのか。その経緯はどうか本編をご覧いただきたい。

風俗に4500万円使った　史上最強の風俗バカ　目次

※本書に掲載された店舗など情報は2020年11月現在のものです。時間の経過によって営業形態やサービス内容に変更が生じることを御了承ください。

※本書の中には、一部、不適切と思われる表現もございますが、著者の意向を尊重し、そのまま掲載しております。

【第一章】暗黒のヒクソン☆高田前史

俺の生い立ち

1971年（昭和46年）9月27日、俺、ヒクソン☆高田は高田家の三男として生まれた。よく「ヒクちゃんの本名は高田〝何〟ていうの？」と聞かれることがあるんだけど、実は、高田は本名じゃない。俺にも〝社会での顔〟があるしね。風俗店でも高田を名乗っているし、まあここは高田名義でいかせてくれよ。

俺が生まれたのは、東京の下町臭がまぁまぁ濃く残っている北区の某所ね。近所にはけっこうにぎわっている商店街があって、俺の職場兼遊び場の新宿までも電車1本で行けるので個人的にはけっこう気に入っている。北区は、最近だと赤羽が飲み屋の町として注目されていて若い女性なんかが大勢きているみたいだけど、俺が子どものころは全然そんな感じじゃなかったね。たとえば、夕方、横丁に入ると、飲み屋から酔っ払いのオヤジが出てきて奇声を上げていたり……。そんなのをいやというほど見てきたから、俺は酔っ払いが苦手なんだよ。30歳を過ぎるまで酒はまったく飲めなかったんだけど、その影響もあるかもしれない。まあ、そんな俺も、いまじゃ夜な夜なストロング缶をガブ飲みしているわけだから、完全な酔っ払いになっちゃっているわけだけど。

　で、父親なんだけど、実はかなりの飲んだくれで、平日の昼間から家でくだを巻いているのも珍しくなかった。どんな仕事をしていたのか、イマイチ不明なんだよな。祖父の代から賃貸物件を数軒持っていたから、その家賃収入で生活していたんじゃないかな。

　一方、母親はパートタイマーで、毎日一生懸命働いていて、一家を支えていた印象がある。この母が、俺が唯一、家庭内でまともに会話できる相手だったな。他にも兄が2人いたけど、すごいクセ者だった。長兄とは9歳、次兄とは7歳差があるから学校では一緒にならなかったし、遊ぶこともなかったんだ。っていうか、俺、兄貴たちからシカトされていた気がする……。だから、未だに無縁というか、微妙な関係のまま大人になってしまったという状態だね。

　だからだろうか？　俺、子どものころって兄弟と遊んだことがない分、その代わりというか母親からめちゃくちゃ甘やかされた記憶しかないんだな。簡単にいってしまえば、俺が「欲しい！」っていえばほぼ何でも手に入ったんだ（兄たちはそれが気に食わなかったのかもしれないな）。

たとえば、ゲーム。

俺が小学校3年生ごろだったたと思うけど、任天堂から『ゲーム&ウオッチ』というゲーム機が出た。いわゆるポータブルゲーム機なんだけど、1台で1つのゲームしかできないタイプなんだな。だから、いろいろなゲームを遊びたいなら、かなりの数のゲーム&ウオッチを所有しなくてはならないんだけど、俺、クラスメイトの中で一番たくさん持っていたから。

子どものころはゲームばかりやっていた。当時は『ゲームセンターあらし』なんて漫画も流行っていたからゲームセンターにも通ったクチだ。そして、ゲーム好きとしてはファミリーコンピュータもゲット……するつもりだったんだけどさ、母親にせがんだら、買ってきたのは〝カセットビジョン〟だったという……苦い思い出だ。カセットビジョンはエポック社が1981年に発売した家庭用ゲーム機。ファミコンが出るまではまあまあ人気があったと思うんだけど、当時は叩き売りされていて、それを母親が買い与えたんだろうな。

俺は嫌いじゃなかったよ、カセットビジョン。『きこりの与作』はいまでも名作だと思っている。ただし、クラスメイトにはかなり笑われたけどね。

小学生でプロレスにハマる

あと、小学生のころから今でもハマっているのがプロレスだ。

初めて観たのは、たしか小学校4年生のときだったと思う。ある日、テレビをつけたら虎のマスクをかぶった男が軽やかにリングの上を舞っていて、思わず「なんじゃこりゃあ～！」って裏番組でやっていたドラマの刑事みたいに叫んでしまった。同世代の人ならすぐにピンときたと思うけど〝初代タイガーマスク〟だよ。俺もああいう風に強くなりたかった。繰り出す技がすべて華麗で、それまで野蛮なものだと思っていた俺の中のプロレスのイメージがガラリと変わった。

それで実際に見てみたいと思って、母親にせがんだんだよ、蔵前国技館（当時）のリングサイドのチケットを。母と一緒に行って、俺は終始興奮しっぱなしだったけど、プロレスに興味のない母は隣で文庫本を読んでいたな……そんなのが子どものころの思い出ね。

と、ここまで書いて、友だちと遊んだというようなことを書いていないことに気付かない？　たのむよ！　気付いてくれ、話を進めるために。

ぶっちゃけ、子どものころに友だちと遊んだ思い出って一切ないのよ。

まあ、言ってしまうと、いじめられっ子だったのね、俺。だから一人で遊べるゲームばっかりやっていたし、強くてカッコイイ初代タイガーマスクに憧れたんだよね。いじめられた原因は何となく想像はつくけど明確じゃない。小学生になって間もなく、気が付けば「高田、気持ち悪～い！」とか罵られていた。もちろん、辛かったよ。だけどさ……。

女子に罵られたりすると、ちょっと不思議な感覚があったんだよな。そりゃ悪口を言われて悔しくて、悲しくて、嫌な気分になったけど、その一方で胸の奥がキュンキュンするっていうか。のちに風俗で遊ぶようになって、Sっ気のある嬢に言葉攻めされたときに「あっ、これは昔、女子にいじめられたときと同じ胸のトキメキだ！」って悟ったよね。虐《いじ》められてトキメキを覚えてしまうのは、ドMの基本中の基本。俺は小学生のころからM体質だったってことだろうな。

トキメキを覚えたっていえば、性への目覚めも小学校3年生くらいだったと思う。

対象はアイドル！　俺が小学生のころってアイドル百花繚乱時代だったんだよね。当時活躍していた名前を挙げていくと、松田聖子に中森明菜、堀ちえみ……。とにかくアイドルの宝庫だった。テレビの歌番組も多くてさ。当時のアイドルの衣装ってフリフリのミニスカートが主流だったじゃん？　それで、もちろん見えるはずがないんだけど、ブラウン管の前で必死こいて下から覗いたりして。

まあ、そんな小学生だったよね。

エスカレートした中学校でのいじめ

中学生になっても基本的に何も変わらなかったな。

学校では相変わらずいじめは止まらなくて、とくに女子からの攻撃がヒドかった。中学生になると、女子もカラダが成長するじゃん？　俺をいじめる女子の中に身長175センチくらいの子がいて。その彼女に見下されて罵られることに、またもや興奮を覚えて……。ただ、中学生になって頭脳が成長した分、いじめもエスカレートしていった。ま、この本はあんまり湿っぽくしたくないからいじめの内容は

中学校の卒業アルバムより

はしょるけど、結局、心が折れてしまったんだな。その結果、俺は登校拒否になったんで、実は中学時代の思い出ってあまりないんだ。

登校拒否になったけど、そこは思春期だ。中学生男子特有の心のモヤモヤというかムラムラは収まらなかった。

日がな一日家にいて、テレビとゲームの日々。中2のときに、フジテレビで『夕やけニャンニャン』がオンエアされて大ブームに。「おニャン子クラブ」で俺のアイドル熱はさらに過熱したよね。

で、そこから自然と女性の裸にも興味を持つようになった。しかし、アイドルは脱ぐハズもなく（当たり前じゃん！）、裸の女体に飢えた俺が狙ったのは近所の荒川の河川敷！　何をしたかっていうと、捨てられたエロ本を探すんだよ。

〝正規のルート〟でエロ本を入手しようと思ったこともある。でも、中学生だから本屋では買えないだろ。で、向かったのが近所の自販機。当時はエロ本を売っている自販機が街中にあったんだよ。だけど、どうしても買えないんだ。自販機の前まで行くんだけど、勇気が出なくて右往左往するばかり。そうこうしているうちに、「そういえば、小学生のころ、河川敷で遊んでいてエロ本が落ちていたな〜」ということを思い出したんだな。それで行ってみたら、けっこう落ちているもんなんだよな、エロ本って。それをオカズにしてセルフでシコシコしたものだ。

この〝オナ期〟の当時、まだ俺は世の中に風俗なんてものがあるとは知らなかった。拾ったエロ本には多少の風俗紹介コーナーなんかはあったと思う。でも、中坊の頭じゃ、ヘルスやソープなんて単語はそのまま〝健康〟や〝石鹸〟に変換されるだけ。ただ、「なんでこのお姉さんの紹介文には、時間と値段が書かれてるんだ？」と思った記憶はある。そういう記事が後に自分の人生を左右するっていうか、人生そのものになるとは、このときはまだ知る由もなかったよね。

登校拒否児は工業高校へ

そんなオナニー小僧だった俺は、ほとんど通っていなかった中学校を卒業すると、都内の某工業高校へ進学した。

工業高校を選んだのは、中学のほとんどを登校拒否していた俺の学力だと単純にそこしか受からなかったのと、同じ中学から誰も進学しなかったというのが理由。中学の同級生がいなけりゃいじめられないんじゃないかと思ったし、事実、そうだった。

だから、俺も晴れて高校デビュー！　そう思ったんだけどさ、しかし、これがさらに俺をダークサイドに陥れることになる。

だって、この工業高校、男子校なんだよ！　教師や購買部のオバちゃん入れても、女性は全校生徒の1パーセント以下という有り様だ。これじゃあ甘い青春もクソもありゃしない。その結果、相変わらずアイドル好きで、部屋にこもってはシコシコしているアホ高校生になってしまったわけだ。

で、男子ばかりだと何が起こるか分かる？　そう、ゲイがかなりいるんだよ。しかも、俺の通っていた学校の場合、教師の中にもゲイがいたから毎日ビクビクして生活していた。なぜビクビクしてたかって？　同級生の中に、その教師に呼び出されて〝特別指導〟を受けてから学校にこなくなって、そのまま中退したヤツがいたからだよ。それも1人や2人じゃないんだよ！

だから、俺、学校では目立たないようにしていた。狙われたらヤバイと思っていたからね。結果としては、良くも悪くも本当に目立たない存在になってしまったので狙われずに済んだけど……警戒し過ぎたせいで、普通の生徒とも打ち解けることができずに高校でも友だちってものができなかったぜ……、トホホ。

就職はどうするのか？

こんな感じで高校生活は小・中学校と違った意味で暗い感じだった。でも、高校3年生となると、進路についてアレコレと考えなくてはならない。

当時の俺はとにかく家を出たかった。独立して一人暮らしをしたかったんだ。母親のことは少し心配だったけど、父親や兄の存在がウザイというか、一緒にいたくなかったんだよな、同じ屋根の下に。だから、工業高校卒業生のポピュラーな選択肢だった、地方の工場に就職して社員寮生活でも送ろうかな〜なんて思っていた。しかし俺が選んだのは、都内の老舗和菓子屋で職人として働くことだった。

なぜ、和菓子職人の道を選んだのかって？

まず、その会社の当時の社長が俺が通っていた高校のOBだったんだよ。それで毎年うちの学校に求人がきていたってわけ。正直なところ、別に和菓子には興味なかったけれど、職場が俺の家から近いし、ラクそうに思えたんだよね。

当時のうちの会社の和菓子は、製造ラインにのせてオートメーションで作られていたから。俺、浅はかな考えでその工場で働くのって作業工程の流れを管理するだけだろう……その程度に思ってた。朝、出社して材料を入れてボタンを押せば、それで役目は終わりだろうって。つまり、ラクして稼げるんじゃないかな～って。あと、お菓子っていうと若くてキレイなお姉さんが売っているイメージがあるよね。だから和菓子屋に入社すれば、必然的に売り場のお姉さんと知り合いになれるんじゃないか、っていう邪《よこしま》な思いもなくはなかった。

しかし、これが甘かった、和菓子作りなだけに（↑上手いね、俺！）。まず、工場で働いているのは、オッサンやオバサンばかりで若者はゼロ。お姉さんと知り合いになるなんて夢のまた夢だった。しかも、楽だと思っていた仕事もけっこう忙しい。

いまでこそ、俺の働いている和菓子屋は本店ただ1店舗のみになっちゃったけど、もともとは関東一円に数多くの支店・販売店を持っていた〝和菓子メーカー〟だったんだよ。事実、俺が入社したときは50を超える支店・販売店があった。

そのため、毎日とんでもない量の和菓子を作っていた。工場はたしかにオートメーション化されていたけれど、とにかく出荷量がハンパじゃない。機械の調整や和菓子の仕上げ処理みたいな細かい作業は手作業……つまりは俺たちの仕事なんだけど、これがけっこうキツかった。

勤務時間は深夜12時から朝の9時まで。それがお盆や十五夜など繁忙期になると、昼の12時まで残業となる。ただ、深夜労働手当も付いたりして、19〜20歳の身としてはそこそこの給料をもらっていたから、忙しくても我慢はできたよね。

新入社員、ヒクソン☆高田

深夜帯勤務だと昼間は寝ているから遊びに行けないし、そもそも遊ぶ友だちもいない。だから金はどんどん溜まっていったね。まあ、そんな労働環境と生活環境が、のちのち風俗バカを生むことになるわけだけど……。

入社当時の思い出として印象に残っているのが、仕事終わりに駅まで歩く道のりかな。工場から最寄り駅までの道は、近隣の大学や専門学校の学生も多く使うんだけど、彼らの通学時間が俺の退勤時間とちょうど同じだった。

彼らが学校に向かう中、俺ひとりが逆走する状態で駅に向かって歩いているわけなんだけど、なんだか「俺、生きているんだ！」って充実感があったんだよな〜。時代の流れにあらがっている自分がカッコイイなんて思えた。もしかしたら、生まれて初めて生きている自分に自信を持てたのかもしれない。初めて毎日楽しいと思えたんだよね、まだ風俗に通ってもいないのに……。

異様に優しいパートのオバちゃん

和菓子屋に就職して、色々とよかったこともあった。

まず高校を卒業したばかりの若者だったから、先輩社員をはじめ周囲の大人にかわいがってもらえた。ほら、俺、それまで友だちもいないし、いじめられて蔑《さげす》まれていたから〝普通に接してもらえる〟……それだけでも嬉しかったんだ。

そして、仕事を覚えるにつれて信頼されることも嬉しかった。あとはオバちゃん限定ではあったけどチヤホヤされたのも嬉しかったな～。俺、当時はけっこう華奢だったし、なんといっても十代でフレッシュだったからね。いわゆる紅顔の美少年って感じで（↑自画自賛な！）、生まれて初めてバレンタインにチョコレートをもらったんだ。和菓子屋なのに……、もちろん義理で、しかも相手はオバちゃんだったけど……。

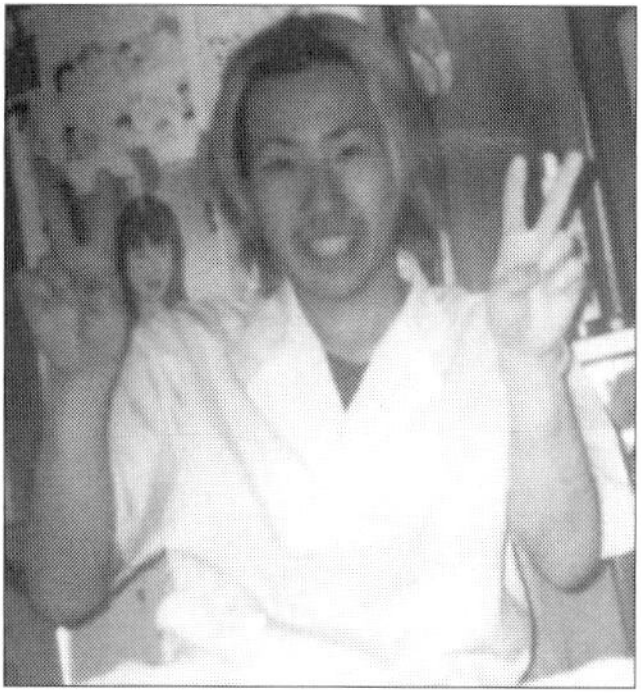
社会人デビューで、なぜか金髪になる

あと、同期の職人が3人いて、仲良くできた。これも俺にしては初めての仲間だったから嬉しかった。
入社したてのころで思い出に残っているのが、工場にパートタイマーとして働きにきていたAさんという当時50代半ばのオバちゃんだ。
Aさんはパートさんのリーダー格だった

人で、先輩からは「高田、Aさんは厳しいから気をつけろよ！」、「仕事中にモタモタしているとシバかれるからな！」とか言われて、俺もかなりビビっていた。実際、俺以外の同期入社の職人は、入社間もない時期でも、ほんの少し失敗しただけで怒鳴られていたしな。そんなシーンを何度も見ているし、パートだけどAさんの立場は社員よりも強いんだなぁ〜って思っていた。ある意味で工場の主だったと思う。

しかし、俺に対しての態度は、ちょっとばかり違ったんだよ。

たとえば休憩時間になると、「高田くん、これでジュースでも買いなさい」って500円玉をくれるんだ。しかも驚くことに「おつりはとっといて」って、ときには千円札を渡されることもあって。言ってみれば毎日ようにAさんからお小遣いをもらっていたようなもんだ。

それだけじゃなく、時には昼飯用の弁当も作ってきてくれたりしてさ。他の同期の職人は弁当なんて作ってもらっていなかったから、ちょっと優越感を覚えたり。Aさんは俺にとって超優しいオバちゃんという感じだった。ただ、そんな関係は長くは続かなかったんだよな。

恐怖とトラウマの一夜

それは俺が入社して初めて迎えた年末のこと。工場で忘年会があったんだ。同期を除けばオッサン、オバサンばかりだから、みんな酒を飲んで盛り上がっている。俺はといえばコップのビールにちょっと口をつけたけど、あまりの不味《まず》さに早々とリタイア。会場の隅でひとり、ちびちびとウーロン茶を飲むという、実に退屈な宴会だった。

そんな俺に気をつかってくれたのがAさんだった。忘年会が終わると、「忘年会なんて高田くんにはつまらなかったでしょ？　これから私たちと二次会に行こう。高田くんも〝楽しめる〟から」と、いつものように優しく声をかけてくれたんだ。

そもそも忘年会に参加することが初めてだったし、二次会が何なのかもわかっていない。そりゃあ、社会人経験が乏しい19歳だもの、仕方ないことだろう。ただ、Aさんが〝楽しめる〟と言ったときにマイクを握るような仕草をしたんだ。だから俺はカラオケでも行くのかと思ったし、いつもお世話になっているAさんの誘いは断ってはいけないと、その後に付いていったんだ。

ほかにはAさんと同じく、50代半ばのパートのBさん。そして、2人よりも少し若めのCさんも一緒だった。ちなみに、このCさんはエロい団地妻って感じで、ほどよくムチッとしたボディで美熟女だった。みんなほろ酔いだったのか、いつもの職場で見るよりも目つきがトロ～ンとしていたのが印象に残っている。

連れていかれたのは、工場からほど近い場所にある木造アパートの一室だった。どうやらここはAさんの自宅らしい。

「夫とも別れたし、高田くんよりも少し年上の子どもも独立して、私、一人暮らしなのよ」とのこと。要はAさんの自宅で飲み直そうってことだと19歳の俺でも分かった。しかし、出てこないんだ、酒が（俺の場合はウーロン茶だけど）。その代わりに出てきたのは、キャミソール姿の熟女3人だった。

キャミソール姿のAさんたちは恥ずかしがる素振りもなく、俺を見てニヤニヤしている。今だったらそれが妖艶な笑みだと理解できるけど、俺には正直怖かった。

当時、俺は童貞だったけれど、これから何が起こるのかは薄々予想できた。だけど、俺にだって理想はある。〝初めて〟は同世代の女のコとキレイなホテルで……そう願っていたのに、まさか理想とは程遠い、こんな生活感溢れる木造アパートの一室で大人になることになるとは……。「なんか違うんじゃね？」と逃げ出したくなったが、なぜか身体の自由が利かない。

案の定、「高田くんも脱ぎなさい」という流れになった。でも、俺は服を脱がなかった。いや、怖くて脱げなかった。だけど、脱がされた。そこからは……まず3人に代わる代わる唇を奪われた。「誰がいいの？」なんて聞かれながらBさんとCさんに乳首を舐められ、Aさんには股間をシゴかれ、フェラをされた。エロ本で観たシーンが次々に現実になっていく。そのことに対する不安が、そして条件反射としてポ○チンが、ムクムクと大きくなっていった。

その後、3人は代わる代わるまたがってきた。俺はされるがままだ。だから3人に導かれるまま、時間が過ぎていった。一人でシコシコしているのとは違う感触だけど、マグマが頂点に達しそうな感覚は一緒だ。最後は……おそらくボス格のAさんの中で果てたんだと思う。そのあたりのことは、正直、あまり覚えていない。怖いのと、気持ち良くて目を閉じてしまっていたのが理由だ。

これが俺の童貞喪失の真実であり、初体験にしていきなりの4Pという……アダルトビデオかよ！　そんなツッコミが聞こえてきそうなシチュエーションで俺は

〝オトナの男〟になったのだった。

ちなみに、帰り際、なぜか3人のオバちゃんたちがそれぞれ大1枚渡してくれた。

合計3万円……これって〝逆風俗〟じゃねえか？

用済みになったヒクソン青年

初めての相手が親子ほど年が離れていて、しかも4P。

普通だったら女性不信になってもおかしくないところだが、俺は……根っからのスケベだったんだろうね。あの股間のジンジンする感覚が忘れられなくて、Aさんと、もう一度エッチなことをしたくなったんだ。たった1回の経験でも、俺の中では「Aさんはスグにヤらせてくれる人」という方程式が完成しちゃっていたからね。

だから、今度は俺の方から甘える感じで近付いていったけど……。

しかし、だ。Aさんは、その一件の後から、なぜか以前のように接してくれなくなったんだ。Aさんだけじゃない。BさんもCさんも仕事上、必要最低限のことしか話してくれなくなった。とくにAさんの豹変ぶりがすさまじく、小遣いをくれなくなったのはもちろん、俺に対しても小言をかます怖いオバちゃんになってしまった。どうやら1回つまみ食いしたので、俺はもういいって感じになったらしい。

　年が明けると、Aさんたちはそれまで冷たくあしらっていた俺の同期の一人をこれ見よがしにかわいがり始めた。つい数ヶ月前までの俺ってこんな感じで扱われてたんだな〜って思うと、虚しさと切なさに襲われたのは言うまでもない。さらに春になったら俺の次の代の新人が入ってきて、またチヤホヤされた。ようは若けりゃ誰でもいいってことだったんだろうな。ちなみにAさんたちは、すでにみんな死んじゃってこの世にいない。それもあって、ここで思い切って書いてみた次第だ。

　俺が素人と〝御《お》セックス（俺はアノ行為を尊いものだとリスペクトして〝御〟を付けることにしている）〟をしたのは、これが最初で最後だ。

　でも、実は今ではこの〝御セックス〟を少し後悔している。

　それは、その1回のせいで、俺は純度１００パーセントの風俗客じゃない気がして仕方ないからだ。

　Aさんたちとの1回さえなければ、俺は完全素人童貞の『リアル風俗バカ』を名乗れたのにな〜なんて思うことがある。やっぱ、あそこは逃げ出した方がよかったのかな？　そんな葛藤が30年経った今でも心をよぎることがある。

この話をすると、「このときの体験が風俗遊びへの原動力になったのでは？」って言われることもあるけど、俺が風俗を知るのは、この一件からしばらく経ってからのことになる。そう、風俗バカ、カリスマ風俗客の誕生はまだ先のこと。つまり、もう少しオナニー生活が続くってことだ。

【第二章】俺が風俗に出会うまで

19歳のヒクソンは霧の中にいた

モヤモヤ……モヤモヤ……。

この〝モヤモヤ……モヤモヤ……〟を、あと833回繰り返したいくらいだ。

この章は担当編集者から「1万字で書いてください」と言われたんだけど、そんなの無理だって！　いつもダラダラ書いているブログだって、そんなに長く書いたことないし、すでにたくさん書いているじゃん？　もう無理っす……って言い訳は通用しないんだろうな〜、絶対に。

そもそも、なぜ、〝モヤモヤ……モヤモヤ……〟なのか？　この章では19歳からの俺を書いてみようと思うんだけど、この年齢の時って、しばらくの間、モヤモヤしていたんだ。それは永遠に続くのではないだろうかと思うほどで、絶望に近い感覚でもあった。だから、たとえ1万字分をモヤモヤで埋めたとしても、あながち間違っていないわけだ。その理由は前章で触れた、俺にとっては今のところたった1回の〝御セックス〟だ。

あの体験は、その最中は怖さや不安が強かった。でも、終わった後に一人でしていたときとは違う快感があって、いわゆる余韻というやつが股間にジンジンと宿り続けていたんだよ。だから、もう1回と思っていたんだけど、前述の通り、首謀者のAさんは俺の童貞を奪ったら用無しとばかりに急に厳しくなった。まぁまぁ、実はそのこと自体は大きなダメージじゃなかったりする。

それでは、なぜモヤモヤしていたのか？　それはAさんとともに俺のチェリーをゲットしたCさんだ。あの3人組の中では一番若く（おそらく40代半ばだったと思う＝当時）、絶妙な色気を漂わせていた人だ。

そのCさんが俺の中で気になる人になってしまったんだな。何て言うのだろうか……自分がアパートに住んでいたとして隣の部屋にいたら興奮する人妻的な色気とでもいうのかな？　え？　わからないって？　そりゃそうだ、自分で書いていてもよくわからないもん。

それはさておき、あの一件以来、俺はCさんに妄想を抱くようになった。厄介なのは、これまでエロ本の写真だけで興奮していた時と違って、1度とはいえ〝ホンモノ〟を見ちゃっているからね。その妄想も生々しいものになっちゃうんだ、これが。その結果、よりモヤモヤしてしまうという結果になってしまった。

アダルトビデオにドハマりする

この時点で心と股間のモヤモヤを解消するために風俗を知れば良かったのだけど、その出会いはまだ少し先のこと。結局、俺はまたオナニー小僧にカムバックしてしまった。ただし、そこは社会人。河原でエロ本を拾っていた中高生のころとは事情が違う。

働いて給料をもらうようになったことで、〝動くオカズ〟を拝むことができるようになった。そう、アダルトビデオだ。今じゃあセクシービデオとか言っているけど、俺は断然、アダルトビデオと呼ぶね、令和の今でも。

アダルトビデオっていえば、普通お気に入りの女優なんかがいたりするものだけど、ぶっちゃけ、俺は〝誰〟っていうのはいなかったな〜。まぁ、50歳目前ですでに老化現象が始まっているのか、覚えていないっていうか（苦笑）。むしろ誰でもよかったのかもしれない。スレンダー系からグラマー系、ロリ系から熟女系まで、どんな女優でもフル勃起するほどの暴れん坊だったからね。たとえそこにモザイクがあっても、それを突き破るように勃ちまくっていた。現在のように一発入魂スタイル（年齢のせいか短時間に何度も勃起できないんだよ、最近……トホホ）ではなく、マシンガンのように乱射できたからね。たとえ、1本目の作品選びに失敗しても、次で発射すりゃあいいじゃん！　そんな感じだった。

ちなみに当時は「カプセルボックス」（個室鑑賞の一種であり、現在のそれに比べるとブースがめちゃくちゃ狭い）をよく利用していた。理由は簡単だ。1時間1000円という値段でアダルトビデオが見放題だったんだな。

ただ、このカプセルボックスには罠があった。見放題だけど再生ボタン以外は早送りボタンしかないんだ。つまり、リピートできないしスロー再生もできないから〝良い場面〟で発射するのが至難のワザなんだよ。女優さんのイク顔でイッたつもりが画面が変わって男優の疲れた表情になっていたり。「俺、野郎の顔でイッちゃったの？」みたいな感じで、なかなか上手くいかないもんなんだよ。でも、当時の俺にはそれしかないから、ひたすらオナるのみ。

そうそう、当時はよくテレビの深夜番組にセクシー女優が出演していたんだよな。

その代表が『ギルガメッシュないと』だったんだけど、なんか作品では見せないセクシー女優の素のキャラが垣間見られて良かったんだよな〜。そんなテレビの画面の中の彼女たちを見て、勝手にプライベートを妄想して、「俺がこのセクシー女優と付き合ったら……」みたいな感じでコキまくった。しかし、オナニーの回数に正比例するように虚しさも募るばかりで、結局2年ほどモヤモヤしていたよね。

先輩職人に導かれ禁断の園に

そんな俺に転機が訪れたのは1992年。21歳のときのことだ。

そのころはまだ同期の職人が2人いたんだけど、ある日、先輩職人（当時50歳くらい）に連れられて4人で歌舞伎町で飲み会をしたんだ。まぁ、飲み会っていっても、その先輩職人が一方的に話したり、愚痴ったりするのを俺ら若手職人3人が「そうですね〜」、「なるほど〜」みたいな感じで聞き流すシチュエーションだ。俺なんかまだ飲めなかったからウーロン茶やコーラで愚痴を聞かなきゃいけないのはけっこう辛かった。しかし、先輩職人はほろ酔いを通り越して泥酔。最後の方は何を言っているのかわからなくなったんだけど、突然、こんなことを言い出したんだ。

「お前ら、〝ホンモノのおマ○コ〟を見たことあるのか？」

つまり、俺らを童貞扱いしたわけだ。他の同期２人はどうだか知らん。あ、でも、一人は彼女がいて、ときどき自慢話を聞かされて、頭にきて仕事中に団子の串を額に刺してやろうかと思ったことがあるから、ヤツは見たことがあったのかもしれない。で、もう一人は何となく俺みたいな感じだったから、童貞の可能性大だ。俺は「冗談じゃないっすよ〜、俺は経験済みですよ〜！」と言いたい気持ちを押さえて「当たり前じゃないっすか〜」と返した。ここで経験済みであることを話せば、Aさんたちとのことを詮索《せんさく》されるおそれがあるからな。

しかし、数秒後にフと思い出したんだ。

「俺、〝ホンモノのおマ○コ〟、見たことないじゃん！」

たしかに童貞は捨てた（その2年前にな！）。でも、俺は怖くて、その最中は終始目をつぶっていた。つまり、〝ホンモノのおマ○コ〟は見ていないんだ。

アダルトビデオは見まくっていたけど、女優の股間には当然ながらモザイクがかかっている。今なら歌舞伎町なんかに行けば、いくらでも無修正のエロＤＶＤを買うことができるけど、当時はまだVHSだったし、無修正のビデオってなかなか手に入らなかったんだよね。ときおり怪しいビデオ屋で入手できても、テープだから擦り減っていたり、ダビングにダビングを重ねているから画質が悪いったらありゃしない。結果、俺はまだ見たことがなかったんだ、おマ○コを……。

バレないように適当に相槌を打ちながら話を聞いていたら、突然、先輩職人が意気揚々とこんなことを言い出したんだよ。

「よし、じゃあ、今夜はキミたちに〝ホンモノのおマ○コ〟を見せてやろう！」

色めき立つ俺。そりゃそうだ、念願のホンモノを拝ませてもらえるというのだから。だから俺は黙って先輩職人に付いていった。冷静を装っていたけど、本当はかなりドキドキしていた。

数分後に辿り着いたのは歌舞伎町の一角にある雑居ビルだった。道路に面した1階から2階へと続く階段の入り口にはパネルに貼られた女性の写真があった。よく見るとアダルトビデオで見たことのある女優の顔もあった。呼び込み兼案内係と思われるオッサンに導かれて2階へと階段を上る。ドアを開けると中央の舞台でキレイなお姉さんが裸になって腰をクネクネさせていた。そうストリップだ。

思えば、初体験の時は目をつぶりまくっていたので、ホンモノのオッパイをまじまじと見るのも初めてだった。「あ、オッパイって、こんな揺れ方をするんだ……」と、妙な感動を覚えたものである。しかし、肝心のアソコは……、場内が薄暗く、そしてステージから遠い席だったこともあって、はっきりと見ることはできなかった。俺は悶々としたまま、再びもとのオナニーライフに戻っていったわけだけど……この初ストリップが後のヒクソン☆高田を築くエポックメイキングな出来事になるとは思いもしなかった。

ストリップ劇場が入っていたビル

「のぞき部屋」との出会い

さて、俺はまた年をとって22歳になった。相変わらず夜中の12時に出勤して朝の9時に仕事が終わるという生活。人の流れに逆らって商店街を歩いていたら……軒を連ねるイロイロな店の中に、なんとなくストリップ劇場と〝同じようなニオイ〟を放つスポットがあることに気付いた。それはファッションヘルスやピンクサロンだったんだけど、まだ経験がなかった俺には、そこが風俗店だと知る由もなく。気になるな～なんて思いつつ、だけど、入る勇気もなく、横目で見ながら通り過ぎていくだけだった。

ストリップ劇場に似たニオイをかもし出す物件があるのは、会社の工場があるエリアだけじゃなかった。当時、俺の趣味といえばオナニーを除いてはゲームだった。そのソフトを買うために新宿や池袋、秋葉原をウロウロしていたんだけど、そういう地域にも、イヤらしいオーラを放つ物件がたくさんあることに気付いた。

それで当時、池袋でゲームソフトを探して街をブラブラしていたときのこと。文芸坐（現：新文芸坐）の近所を歩いていたら気になるキャッチフレーズが目に飛び込んできた。

「スッキリ爽快のぞき部屋」

のぞき部屋が何なのかは、『ギルガメッシュないと』なんかで特集されていたことがあったのでわかっていた。だから興味が湧いたんだ、「ここだったらホンモノのおマ○コを見ることができるんじゃないか？」って。

それで、いざ入ろうとするんだけど、これがなかなか入店できない。要は恥ずかしいんだ。だから、何度も店の前を往復して……って、こっちの方が怪しいんだけどな。結局その日は入れず、翌日、仕事終わりに再び池袋へ。この日も店の入り口の前を何度か往復した挙句、初めて自分の中で〝意を決する〟という体験をして、ようやく入店へと漕ぎつけた。

で、のぞき部屋ってものは個室に入り、そこに設置されている20センチ四方の窓から覗くわけです、女性の裸を。これで1回につき2000円だった。当時、若くて薄給だった俺でも余裕の価格である。

のぞき部屋は、感じとしては〝ミニシアター式のストリップ〟とでもいうのかな。キャストさんがいるブースを囲むように覗き用のブースがあって、部屋によって見える角度が違ってくるわけ。もちろん、キャストさんも分かっているので、角度を変えて全員に見えるようにしてくれる。どこをかって？　ま、その店自体とっくに閉店しているから正直に書いちゃうけど、アソコですよ。

そう、ついにヒクソン☆高田は齢《よわい》22にして生まれて初めてホンモノのアソコを拝むことができたのです！　おめでとう、俺！

だが、手放しでは喜べなかった。たしかにキャストさんは見せてくれた。でも、目の前というわけじゃない。しかも、のぞき窓のガラスというかアクリル板は古くて曇っていた。だからシッカリと見えなかったんだよ。正直、最初の感想は「なんだ、モザイクがかかっているＡＶと変わらないじゃん！」だったな。

しかし、スゴイことが起きたんだよ。背後にあるドアがノックされて俺の返事よりも先に開いた。そこにはランジェリー姿のお姉ちゃんがいて、ニヤリと笑った。そして、俺に近付き、密着しようとしたんだ。俺は慌てて彼女を制止した。だって、何をされるかわからないじゃん？　それでもその女性は「５０００円でＯＫだよ」とウインクをしてくる。めちゃくちゃ可愛い女の子なんだけど、やっぱり怖い……。

つまり、このお店は〝ヌキ有りののぞき部屋〟だったんだけど、当時の俺はそういうシステムを知らないから断ってしまったんだ。のぞき部屋は、ただ覗き、セルフで発射するだけのスポットだと信じて疑わなかったから。だから丁寧に御退室をお願いしたのだけど……彼女は急に不機嫌な表情になって出てっちゃった。

女の子ってこんなにいい香りがするのか

この一件から2日後。俺は再び池袋にいた。そう、のぞき部屋に行くために2000円を握りしめて……。

店に入り、覗き用のブースで覗いていると、やはり部屋のドアをノックされた。今度は先日とは違う女の子だった。で、モロに俺の好みのタイプだったんだ。もちろん、「5000円でOKだよ」と言ってきたけど……好みのタイプだからこそ躊躇しちゃったんだ。ウブだったんだね～、当時は。それで、次に行った時も、また同じ女の子が出てきた。でも、前回、俺が断ったのを覚えていたんだね。何も言わずにドアを閉めちゃった。

こうなると今までとは違った意味でのモヤモヤが生まれた。そう、「あの子に気持ちよくしてほしい……」って。だけど、俺、嫌われちゃったみたいだしな～、もう無理だろう。それでもやっぱり……っていう葛藤《かっとう》もあり。それ以前に、その店のシステム上、女の子はランダムに部屋を訪れるから、再び会えるかどうかもわからない。それでも……願いは通じた！

翌日、のぞき部屋に行くと例のドストライクな彼女がやってきた。そして、俺の顔を見るなりドアを閉めようとしたので、それまで生きてきた中で最大限の勇気を振り絞って「お願いします！」と言ったんだ。

「え？」

最初は驚いた顔の彼女だったけど、すぐにニッコリして俺のズボンとパンツを下ろしてくれた。密着すると彼女の髪の毛からシャンプーの良い香りがしてきた。

「女の子って、こんなにいい香りがするのか……」

この感動は今でも忘れないし、一気に彼女の世界に引き込まれた。彼女がいざシコシコとポ○チンをしごき始めてからは驚きしかなかった。思えば女性からポ○チンをイジられるのはアノ童貞喪失の一夜以来、気持ちがいいなんてものじゃない。ほんのちょっとイジられただけでドバドバとガマン汁が溢れ出し、イキそうになった。いや、イッてもよかったんだけど、実はこの時点でまだ怖かったんだよね。

「もしかしたら、発射したら罰金を取られるのではないか？」

「発射した瞬間に恐いお兄さんが現れて莫大な料金を請求されるんじゃないか？」

そんなことはないんだけど、なにせお金を出して初めての〝セルフじゃない射精〟

だから不安も大きくなっていた。でも、カラダは正直なものでポ○チンはみるみる大きくなっている。彼女はそれを見て、「いいよ、ガマンしないで」とか「思い切り出して！」と激しくシゴいてくるものだから……、初めて女の人の手の中で果ててしまった。単純に気持ちイイのはもちろんだけど、なんなのだろう、この多幸感は……。同時に「なんだかイケナイことをしているかも……」という背徳感もあった。彼女に後処理をされながら、そんな2つの相反する思いに包まれていたんだ。

のぞき部屋はこのビルの中にあった

　そして……お店を出るときのうしろめたさが何とも言えないほどクセになった。この感覚は少し俺の妄想癖が入るのだけど、店を出た時にキレイなお姉さんとすれ違って、背後から「あの人、風俗で遊んできたんだわ！」ってささやかれている……かもしれないって思うと、ゾクゾクしちゃって。もちろんそんなことはないってわかっているけど、俺の頭の中には言われている俺がいたんだ。これって、子どものころに女子からいじめられて、イヤだな〜と思いつつ、どこか心地よい、みたいな感覚に似ている。ま、この時は俺の妄想が生んだ感覚なのだけど。いずれにしても、こんな感じでハマるとは思いもしなかったけどね。

多いときは週7回も通う

そんなこんなで、この一連ののぞき部屋体験が俺の風俗デビューだった。

ここまで書いて今さらだけど、「風俗って何だろう？」という定義をすると、まず、風営法に則って経営・運営されている性的サービスを受けることができるお店ってことになるのかな。でも、大きな枠組みにおける風営法の中にはストリップも含まれているということだし、まぁ、本書では射精・発射を伴う性的サービスということにするとしよう。

そうすると、先輩職人に連れられて行ったストリップはカウントに入らないから、こののぞき部屋が初めての風俗になる、と言えるかもしれない。

結局、のぞき部屋には1年近く通った。平均すると週に3回。多い時で週に5回。最高で週に7回通ったこともある。「それって、毎日、通ったってこと?」ってツッコミが入りそうだけど、いやいや、池袋に行くのは週に3回程度。そうだよ、1日に複数回利用してたんだって!(↑偉そうに宣言することじゃないけどな)。それに、週に7回通うなんてボーナスをもらった時や臨時収入があったときだけだぞ!(↑なんで、こんな言い訳をしてるんだろう……)。

のぞき部屋は1回のプレイで1回しか発射しちゃいけない。それだけじゃ到底足りないもんだから、1日に何度も利用したってわけ。もう完全に〝ド〟ハマリだよ!

ちなみにかかった費用だけど、さっきも説明した通り、のぞき部屋は覗くだけだと1回2000円。で、女の子にお願いするとプラス5000円なので合計7000円。それを平均で週3回通ったとして月に8万円以上……まぁ、一般的にはなかなかの出費だよな。それでも俺は環境的に恵まれていたからね。

当時、住んでいたのは親の持ちアパートだったから家賃なし。しかも部屋に風呂がなく、夕飯時に実家に寄り、風呂に入って帰るという生活パターンだったから光熱費もほとんど払っていなかった。つまり、給料は丸々自分のものになったので、のぞき部屋につぎ込めたってワケだ。

のぞき部屋に使った金額は○百万円

俺自身は初恋で浮かれたみたいな気分になっていたから、のぞき部屋のお気に入りの子に一生つぎ込む気でいた。これはその後の風俗ライフで何度も経験することだけど、どんなにお気に入りでも風俗業界から卒業してしまうことを、その女の子で知った。ある日、突然、その子はお店を辞めちゃったんだな……。これはショックだったね～、マジで。ドアが開いて、いつもの子がこない切なさといったら！　いわゆる〝お気に入りロス〟ってやつになった。ここでクヨクヨして、「あの子がいない店になんて行けない……」となったら、今の俺はなかったと思う。すっかりのぞき部屋に魅了された俺は「だったら、別ののぞき部屋を探そう！」と切り替えた。実はこれって、すごい進化なんだよ。それまでの自分はどちらかといえば後ろ向きであり、ポジティブな行動ができなかった。だけど、このままではいけないと思ったし、もうオナニーではイケないと思ったんだ。言ってしまえば、女の子に気持ちよくしてもらわなきゃ射精じゃない！　そう思って、のぞき部屋探しの旅に出た。ま、旅って言っても都内だけど。しかも、新宿と池袋だけなんだけどな！

ただ、この当時の俺は、どのようにすればお店の情報を得られるかを知らなかった。令和の現在みたいにスマホで検索すれば一発でわかるって時代じゃないし、だからといって俺、この時はまだ風俗情報誌の存在を知らなかったんだよ。

だから新宿や池袋の繁華街を注意深く見回しながら『のぞき部屋』という看板を探して歩いた。するとあるもんなんだな、のぞき部屋って。なかにはいかにも怪しいって感じの店も少なくなかった。当時、都内の風俗関係のほとんどのお店が、いわゆる未許可店ばかりだったからね、２００４年に都内の風俗業界が浄化作戦に遭うまでは。そりゃあ怪しいってものだろう。

それでも、とにかく繁華街を歩き回って気になるお店をチェック。で、このころになると店に入ること自体は恥ずかしくないし、さらに店を出るときの後ろめたさも感じなくなってきた。惰性で遊ぶ日々、いわゆる倦怠期だった。ようは飽きてきたんだな、のぞき部屋に。そりゃそうだ、週平均3回を3年間も続けりゃあ精神的インポにもなるってやつだ。そして、ザッと計算したところ、この時点で５００万円ほどをのぞき部屋につぎ込んでいることになる。

のぞき部屋はいってみればライト風俗というジャンルに分類されるものだ。そこに飽きたら風俗遊びから足を洗うか、ファッションヘルスやデリヘル、そしてソープランドといった、よりディープな風俗へと進むかの二択だと思う。

ダイヤルQ２の思い出

しかし、俺がよりディープな風俗の世界へ足を踏み入れるのは、もう少し後のことだ。なぜなら俺は次に当時流行っていた『ダイヤルQ２』にハマったからだ。

たぶん、若い人は知らんだろうな～、このサービス。簡単に説明するとＮＴＴが提供していた電話による有料の情報提供システム（で、合ってると思う）で、さまざまなジャンルの情報の中にアダルト系のものがあったんだな。ちなみに、なぜ、『ダイヤルＱ２』というのかといえば、電話番号が〝０９９０〟で始まるからという説がある。

このダイヤルＱ２の某アダルト系チャンネルに興味を持った俺がまずしたことは、

当時、寝るためだけに帰っていた親所有の風呂なしアパートの一室に電話を引いたということだった。

ダイヤルQ２は通話料金の他に情報料がかかり、これがバカ高いということを知ったので、親バレ防止のためだった。親は息子が急に自分の部屋に電話を引いたから彼女でもできたんだと思い、一安心してた。ま、できたようなもんだけどね。顔は知らないけど、受話器の向こうでエッチなことを言ってくれるお姉さんとの出会いがあったから。

ただ、このダイヤルQ２でどんな遊びをしたのか？　どんなエッチな体験をしたのか？　実は、今となってはほとんど覚えていない。と、いうのも、この『ヒクソン☆高田ダイヤルQ２ハマり期間』というのは短かったからなんだ。自分の部屋に電話回線を引いた初回の電話料金が当時の月給よりも高い金額だったんだよ。いきなり50万円近い請求がきてアセったね。運よくボーナスの時期に重なったから助かったけど、「ホンモノのおマ○コどころか顔も見えないのに、これは高すぎるよな～」ってことで徐々にテンションが下がっていき、俺のダイヤルQ２ブームは短期間で終了。それでも１００万円は使ってしまった次第。

ダイヤルQ2時代は結局、オナニータイムだったわけだけど、やはり、「女の子に気持ちよくしてほしい！」という想いが高まってきた。

そこで、続いて足を運んだのがピンクサロン、いわゆるピンサロだ。このころになると、週刊誌や夕刊紙で情報を得て、そこがお口でサービスしてくれるところだってわかっていたからね。

でも……ぶっちゃけ、俺には合わなかったな、ピンサロは。

まず、基本的に店内は真っ暗で何をされているかがわからないし、女の子の顔もよく見えない。それと、音がうるさいじゃん？ ユーロビートっていうの？（←俺、音楽に疎いっす……）音がガンガン流れていたら、集中できないし、股間もビンビンにならないって！ でも3回転とかは正直、嬉しかったんだけどね……10回も行かずにピンサロ卒業でございます。そして！ 結局のところ、俺、この時点で「まだおマ○コ、見てないじゃん！」という状態なんだな。ピンサロは暗かったし、それ以前にボックス席だからおマ○コを見れるポジションにはならないし。

はぁ〜……おマ○コを拝みたい！ 切実に思っていた23歳の俺。そんなビッグドリームが実現するのはそれから約1年後のことだった。

【第三章】狂乱のフードル・ブームにハマる

ヒクソン☆高田、風俗情報誌を知る

おマ○コを見てぇなぁ～っ！

いきなり、こんな書き出しだと怒られそうだけど、二十代前半の俺は常にそう思っていた。

俺が勤務する和菓子屋は7月になると店先の竹に七夕の短冊を飾るんだけど、「おマ○コ見たい」と何度書こうと思ったことか！　ま、そんなこと書いたらクビになるから差し障りなく「世界平和」とか「商売繁盛」とか書いといたけどな！いよっ！　風流だね！　な～んてことを言えるような状況ではなかった。「織姫と彦星だって年に1回は会っておマ○コを見てるんだろうがよ！」って、ひとりイライラしていたよね。

それだけではない。工場で〝お饅頭〟を作ってはイライラしたり、なぜかドキドキしたり。いや、名前に対してじゃないぞ。饅頭の蒸す前の生地って、塊だと種類によっては弾力があって、「おマ○コの中って、こんな感触なのかな……」とか思っちゃったり。そして、夏になると、ところてんってあるでしょ？　あれって、麺状になる前は細長い立方体で、それを専用の道具で押し出すのは御存じの方も多いと思う。で、その押し出す前の立方体のプルンプルン具合が、先輩職人いわく「アソコの中に似ている」っていう感触なんだそうだ。そんなん聞いたら……夏は毎日のように試食していたぜ、ところてんを。ま、それが「そうでもないじゃん！」ってわかるのは、まだまだ先の話なんだけど。

そんな俺に革命が起こったのは1995年のこと。

風俗熱が少し下がって、趣味といえば相変わらずゲームだった。

で、ある日、やっているゲームの攻略本でも買おうと思って本屋をウロウロしていた。そして気になるから、やはりエロ本コーナーにも行くわけだ。そこで一冊の雑誌に目を奪われた。表紙で微笑む女の子がめちゃくちゃ俺の好みだったんだ。いわゆるひとめぼれであり、雑誌の表紙買いということを初めてやってしまった。それは当時、かなりの発行部数があった『ヤンナイ』……つまり、風俗情報誌だったんだね。

今でこそ、風俗店の情報はインターネットで風俗系のポータルサイトや、各店舗の公式サイトで得るのが一般的だ。

だけど、この当時、風俗店の在籍キャスト（そもそも〝キャスト〟って呼ぶようになったのだって最近だぜ？）や料金設定、アクセス方法のすべてが雑誌頼みだったんだよな。しかも出勤情報にいたっては当日、お店に電話して「○○さん、出勤してますか？」みたいな感じでコトが進んでいたんだからな〜（懐っ！）。

当時の風俗店は情報誌に広告を出してナンボだった。しかも、現在のように『ヘ○ン』が市場を独占しているような感じではなく、それぞれの雑誌がそれなりの影響力を持っていた感じがする。

風俗情報誌は基本的に月刊だったんだけど、ピーク時で月に15、16誌は出ていたんじゃないかな？

ここで当時の雑誌名を思いつくままに挙げてみよう。

『ナイタイ』『マンゾク』『ヤンナイ』『ヤンマニ』『夜遊び隊』『シティプレス』『Night Walker』『バットアンドまん』『プレイタウン』『ガールフレンズ』『ベーすけ』『メカラウロコ』『男の遊楽街』『おとなの特選街』『とびっきりNight』……。

そのすべてを買っていたのは誰だい？

俺だよ！

そう、基本的に書店に並ぶ風俗情報誌はすべて買っていたんだ、当時。金額にして雑誌だけで月に2万円近く使っていたんじゃねえかな？

目的は店の情報を得ることはもちろんのことだけど、〝フードル〟のグラビアを見ることが楽しかったんだよ！

代表的な風俗誌だった『Naitai Magazine』

フードル……今や風俗業界でも死語的になっているけど、『風俗嬢アイドル』の略で、当時、グラビアにアイドルを〝グラドル〟、アイドルだけどバラエティ番組にも出演しているから〝バラドル〟とか〝○○ドル〟といった感じの表現が流行っていたからね。それに便乗する感じで誕生したのだと思う。

つまり、可愛くてマスコミにも顔出しで出演するキャストさんなんだけど、そんな彼女たちが各風俗情報誌の表紙を飾っていたってわけ。

１９９５年ごろの人気風俗店には一人はいたからね、フードルが。逆にフードルがいない店はスグに淘汰されたんじゃないの？　それほど重要なポジションだったんだよ、フードルはさ。

アイドルのアソコが見られる？

さて、何度も書いているけれど、俺、アイドルが好きだったんだ、子どものころから。それで、フードルって言うほどだから、本当に可愛いんだよ。だからスッカリとファンになっちゃってね。自分にとって、本物のアイドルみたいな存在になったんだよ。

そうなると雑誌の表紙やグラビアを見ているだけじゃ満足できなくなってきた。

つまり、会いたくなったってわけ。

それって、「イコール　プレイをする」ってことなんだけど……もう一個、イコールで結ばれることがある。フードルの多くがファッションヘルスに在籍していたから、プレイをするとなると……それって、おマ〇コを見られるってことじゃん！

これってスゴイことだと思わない？

だって、自分のアイドルのおマ〇コを見られるんだぜ？

ミニスカートをはいてテレビで歌っていたアイドルを下から覗くようにして「見えないかな～？」ってやっていたガキのころを思い返すと、夢が現実になるようなもんだ。

そもそもテレビで歌っているアイドルのおマ〇コを拝められるか？　できないよな！　でも、フードルだからこそできるんだ……そう思うといても立ってもいられなくなった。ポ〇チンはシッカリ勃っていたけど。

秘密道具で電話予約の難関を突破

しかし、ここで最初の壁にブチ当たる。

めちゃくちゃシンプルなことなんだけど、予約をしようとしても電話がつながらないんだ！　ネットでラクに予約はできる現在となってはにわかに信じがたいかもしれないけど、当時、人気キャストの予約は朝イチで電話するしかなかったんだよ。

しかし、これがつながらない。受付時間になると、よーいドンで大勢が一斉にかけるもんだから、人気フードルが何人もいるような店だと、電話回線がパンクするようなことも実際にあったらしい。それほどスゴかったんだな、当時のフードル人気というのは。

こんな感じで予約を取りたいけど取れない。おマ○コを見たいけど見られない。まるで、近くにあるのに触れることができない蜃気楼のようである。

オーバーな表現かもしれんけど、本当にそう思うほど店の電話がつながらなかったんだよね。その結果、俺のモヤモヤ指数は高まるばかり……と焦っていたときに、ある風俗情報誌の広告が目に入った。

それは『チケット取り機』だ。

ま、正式名称は覚えていないのだけど、電話に取り付ける機械で、それを介すると電話がつながらなかったときに勝手にリダイヤルしてくれるというシロモノだ。今でいうところのスマホの自動リダイヤルアプリを機械化したものだと思ってくれればわかりやすいかな。

当時はコンサートのチケットも電話受付で買うのが常識だったから、発売当日の電話混雑を回避するための機械として、怪しいグッズを扱う店で売っていたんだな。で、俺も秋葉原に行って買ったと。「3、4回、プレイができるじゃねえか！」とか文句を言いながら大5枚をはたいてな……。ただ、この大5枚という金額は決して高くはないと後に実感することになった。

なぜならば、この『チケット取り機』を使ったところ、あら不思議！　ウソみたいに電話がつながるようになったからだ。そして、気になったフードルと片っ端からプレイできるようになった。今、思い返してみると、この『チケット取り機革命』ともいえる出来事がヒクソン☆高田のスタート地点になったと思う。

ヒクソン☆高田の第一次風俗ブームの始まり

そうして、俺の中の『第一次風俗ブーム』が始まった。

この『フードルブーム』は、別に俺だけのマイブームってわけじゃなかった。本当に世間的にも注目を集めていたんだよ！

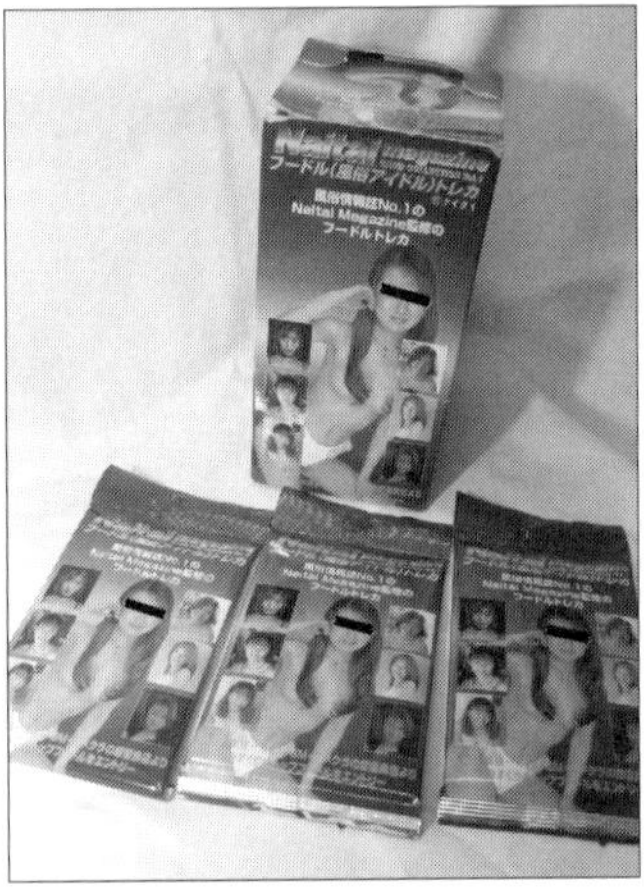

フードルトレカのケース

たとえば、フードルは風俗情報誌だけでなく、一般誌（週刊誌）で特集を組まれるのは当たり前で、普通のアイドルを差し置いてグラビアを飾ることもあった（『週刊大衆』とか『週刊宝石』とか）。

また、人気フードルの中には風俗〝アイドル〟ってことで、ユニットを組んでCDデビューを果たした女の子もいた。今みたいにネットで勝手に自作の曲を配信して自己満足に浸っている時代ではないから、当時のCDデビューって、そりゃあ、かなりセンセーショナルだった。だから、フードルからタレントになったり、さすがに隠していることが多いけど有名人の奥さんになったりした女の子もいたしね。

さらに当時はトレーディングカードがブームだったけど、フードルのトレーディングカードまで出ていた。トレーディングカードっていったら、普通はスポーツ選

中身のカードはこんな感じ。いまでは激レア？（提供：風俗マニアライターズ）

手とか人気のアイドルなんかがなるものだろ。もちろん、俺がフードルトレカをコンプリートしたのは言うまでもない。

　ちなみに1パックに数枚のカードがランダムに挿入されていたから、いわゆる箱買いをして集めた。ここにも数万円をつぎ込んだ思い出がある。

　こんな感じで今では考えられないほど風俗業界で働く女性がクローズアップされた時代があったんだよな。これって、それほど風俗が男の娯楽の一つとして認知されていたってことじゃないか？　フードルバブルといっても過言じゃないな、これって。

都内のフードルを全制覇

と、昔を懐かしんだところで俺とフードルについて話を進める。

まず、俺は何人のフードルたちと遊んだのだろうか？

正確な人数は覚えていない。ただ、１９９５年から20世紀末までは「都内でフードルと呼ばれた全員と遊んだ！」と胸を張って言えるだろう。

と、いうのも、俺、当時の風俗情報誌のほとんどを毎月購入していて、その表紙になった女の子全員と遊んだからね。風俗誌の表紙を飾るのはフードルと呼ばれていた女の子ばかりだったし、グラビアで〝人気フードル〟ってキャッチフレーズがついていたら、アイドル好きとしては気になって気になって仕方なく、一人も逃さない勢いでお店に電話して空き状況とかを聞いていた。

俺がフードルにハマった理由の一つは「フードルって本当に可愛いの？」ということを自分の目で確かめたかった、ということもある。可愛いか否かの判断は各々の好みがあるのでここで明言はしない。でも、ハッキリといえるのは「〝写真と同じ彼女〟に会える！」ということだった。

写真と同じ彼女……つまり、写真のまんまなんだ（↑そのまんまやんけ！）。

いや、これって今となってはスゴイことなんじゃないか？

今の風俗って、基本的に写真を修整しまくりだもんな。

それだけ写真加工ソフトの技術が発達したってことだろうし、風俗店や風俗系ポータルサイトでは〝加工職人〟が腕をふるっているから（皮肉だからな～）。個人的には加工されるんだったら、まだ身バレ防止のボカシで顔を隠されていたほうがいいって！　その方が会うまでドキドキワクワクするからね。

そうそう、写真の修整っていえば、この本の構成をお願いした風俗ライターの亦《また》滑訓仁《なめのりひと》氏に聞いた話だけど、地方によってはプロフィール写真の顔にモザイクを入れたうえにボカシを入れるパターンもあるとか。小さな町で身バレ防止策とはいえスゲェよな！

話を戻そう。当時の俺は、写真のまんまのフードルに会えるということで満足だったんだよな。と、いうことで、フードルにハマりだしてからは、それまでののぞき部屋からファッションヘルスに移行していったんだ。

１９９５年のファッションヘルス

ここで１９９５年ごろの都内のファッションヘルス事情を思い返してみよう。

その多くが雑居ビルやマンションの一室を使用していた。

今でこそ、都内には店舗型ファッションヘルスは数えるほどしかないけど、当時はイメージプレイを楽しめるイメージクラブ（＝イメクラ）も含めると、新宿、池袋、渋谷の各エリアにそれぞれ１００軒近くあったんじゃないのかな？　いや、新宿と池袋に限ってはもっとあったかもしれない。それは多くの店がいわゆる未許可で営業していたからこその現象なんだけど、店が多いからフードルも多かったんだよな。

そして、風俗で忘れてはならないのがサービスだけど、それまでハマっていたのぞき部屋って、入店したらそのまま、もしくはよくてウエットティッシュで軽く拭かれてシコシコされる感じだった。

だけど、ファッションヘルスの場合、まず、シャワーから始まる。これは当たり前のことだけど、当時の俺には新鮮であった。そして、そこでいきなりフードルの裸を見られちゃうことにも興奮した。ボディラインは風俗情報誌のグラビアで見たまんまだし、生オッパイを見ただけでもう……。25年前の俺、若かったよな～！

また、シャワー前の話になるけど、当時のフードルはそれなりに稼いでいたのだろう。アクセサリーとか身に着けているものが世の中に疎い俺ですら高級品だってわかるものばかりだったし、ランジェリーも「これ高いよな～」って思わせるものを着ていたよね。そういうところにも特別感というか、アイドル感があったし、男心をくすぐるっていうかね。

それで、今、冷静になって考えると、「当時のフードルって、どれだけ稼いでいたんだろ?」って思うよ。俺の知る限りでは店にベンツで通っている女の子もいたな～。それに忙しいことに比例して移動時間もばかにならないからお店の近くに住んでいる女の子も多かった。渋谷や新宿の一等地に、だぜ? いったい、いくらの家賃だったんだろ?

そんなアイドルみたいな女の子たちにフェラをされるのは格別だった。

そう、今でこそ『2000人に手こかれた男』というキャッチフレーズを自ら付けてアピールしている俺だけど（なぜか、『カリスマ風俗客』ばかりが定着しているけど、なんだかなぁ）。この時は手コキフィニッシュではなくフェラによるフィニッシュを好んでいたんだな。

だって、アイドルが俺のことを見つめながら「気持ちいい？」とか「いっぱい出してね！」って言いながらジュポジュポしてくれるんだぜ？　こりゃあ、天国だ！　本気でそう思ったし、「よし、明日もまた指名しちゃおう♪」と思ったものである。

自分好みの、アイドルのようなルックスの女の子とのプレイは楽しい以外の言葉が見つからなかった。気が付けば職場の俺の童貞を奪ったオバちゃんのことも気にならなくなっていたし、Cさんの妖艶さよりも目の前のフードルたちのフレッシュな笑顔に癒されている自分がいた。

そして、気が付けば少しでも時間が空くと『チケット取り機』を駆使して（↑かなり使い込んだぞ、この機械は……確実に元は取った！）、気になるフードルの予約を取っていた。

使った料金は気にしていなかったけど……たぶん、フードルを知った1995年からの5年間が一番、お金をつぎ込んでいた時期だと思う。

このころは仕事帰りに風俗で遊ぶケースが多かったけど、まず、職場が歓楽街の近くだから交通費はほとんど必要なし。で、住まいは親の持ちアパートで家賃ゼロ。さらに当時の俺は酒もタバコもやらなかった。服も買わないし（15年以上着ている服がたくさんあったりする）、旅行もいかない。俺は本当にイクことにしか金を使わないからな～。給料の8割を風俗につぎ込んでいたといっても過言ではない。

だから、年間でボーナスを入れると250万円は使っていたと思う。それが10年くらい続いたんだよな。

この10年は、ほとんどファッションヘルスに通っていた。ソープも行ったけど、あのサービスは俺には合わないと思って、半世紀にわたる風俗客人生でも3回しか行っていなかったりする。

そうだ！　ヘルスばかり行っていたことで達成したことがある。

そう、おマ○コを拝むことだ。ファッションヘルスでのプレイはシックスナインの状態になったりするから、当然、目の前におマ○コが！

でもなぁ～……実際に見てしまうと「あれ？」みたいな。感激や達成感よりも、そんなことはどうでもいいやって気分になってしまったんだ。別に夢を見ていたわけではないし、崇拝していたわけでもない。実際に叶ってしまうと呆気ないな〜、みたいな感じだった。

それよりも「もっとしゃぶって！」みたいな欲望の方が上回ってしまった。ま、それが給料のほとんどをつぎ込むキッカケにもなっているのだけど。

風俗バカ、空白の6ヶ月

フードル及びファッションヘルスを知ってから週に2回は風俗店に通っていた俺だけど、実は半年ほどブランクがあるんだ。

しかし、それはネガティブな理由ではなく、後にヒクソン☆高田として個性を確立するためのキッカケでもあった。

あれは忘れもしない1999年の春のことだ。急に家に帰れなくなった。それは仕事が忙しくなったからなんだけど、日によっては20時間勤務とい労働法をシカトしまくりな環境になった。それは和菓子業界にバブルがやってきたんだ。そう、この年の春に大ヒットしたんだな、『だんご3兄弟』が。

俺が働いている和菓子屋はいろいろな商品を扱っている。団子もあったけど、餅菓子や饅頭、羊かんといったオーソドックスな和菓子をまんべんなく作っていたんだ。だけど、1999年の3月に入ったころだったと思う。なぜか急に、各店舗からくる発注の9割が団子になったんだよ。

実はうちの会社、当初はあの童謡が流行っているのを知らなくてな。「なんで団子の発注しかないいんだろうね～?」みたいな呑気な空気が流れていた。それが世間では団子ブームだっていうんで色めき立ってしまってな。そうこうしているうちに、お客さんからクレームが寄せられるようになった。それは……。

「おたくの団子は〝4兄弟〟じゃねえか!」

そう、うちの会社の団子、一串に4個刺さっていたんだ。で、社長が慌てて3個用の機械を導入したところ! 本当に家に帰れなくなった。それはもちろん、俺だけではなく、工場で働く社員がフル稼働状態になったので、会社が工場の近くにアパートを借りて、そこを仮の宿泊施設にするほどだった。

いや～、困った! だって、風俗に行けないんだもの。毎日、仮眠程度の睡眠時間で働かされていたから、20代でもさすがにキツイ。最初はがんがん売れていくのが嬉しくて団子作りもに精を出していたんだけど、次第に……団子に顔が浮かぶんだ、あの3兄弟のように。いわゆる幻覚なんだけど、忙し過ぎて思考回路がおかしくなっていたんだろうね。職人さんによっては「団子が話しかけてくる時がある」とか言い出す始末だ。それほどおかしな状態だったんだよ、1999年上半期の和菓子業界は。

団子ブームのピークは夏の始まりには収まりつつあったんだけど、それでも夏休みの帰省みやげに重宝されたり、お盆で忙しかったりで、若手だった俺ら世代の職人は工場の近くの仮宿舎に寝泊まりする日々だった。

結局、1999年3月から8月までの半年間、ほぼ休みはなし。

当然、風俗が恋しいのだけど、それ以上に疲労感が激しくて宿舎から出る気力すら湧いてこない。

しかし、若かったんだろうな〜。カラダは正直っていうか、「風俗に行きたい！」という考えが、ある症状に表れ始めた。

夏が始まるころ、俺、〝ドリームシューター〟になったんだよ。つまり夢精だ。

思春期かっ！　そんな自分へのツッコミが虚しくなるほど二十代半ばにして夢精ス

パイラルにハマってしまった。

この時、常に心のどこかで「俺、風俗復帰できるのか?」って思っていたな〜。

今となっては懐かしい笑い話だけど、当時は本気で悩んでいたんだよね。

団子ブームで富を築く

さて、この団子ブームが後にヒクソン☆高田として個性を確立するためのキッカケでもあったと前述した。

実は、このブームの時にはすでにヒクソン☆高田を名乗っていたんだ。その誕生秘話については次の章で詳しく書くけど、今になって考えれば、この団子ブームがヒクソン☆高田がカリスマ風俗客と呼ばれるキッカケになったと思う。

さっきも書いたけど、団子ブームがピークの時は家に帰れずに工場と仮宿舎の往復の毎日だった。その間、食事は会社から支給されていたし、服装も工場内で着る白衣か、仮宿舎でパジャマ代わりに着ていたスウェットの上下で事足りた。洗濯はパートのおばちゃんたちがしてくれたから、ほとんど自分の金を使わなくて済む状況だった。それで、お盆が終わって、久しぶりにまとまった休みをもらい、半年ぶりに風俗でも……と思い、軍資金を下ろすために銀行に行って驚いたね。

残高照会したら口座に700万円以上入っているんだよ！

俺、何度も目を疑った。

だけど、通帳を見て、なるほど〜と納得しつつ、「マジか〜」と唸った。

団子ブームによって会社も相当、潤ったのだろう。4月から7月まで4ヶ月の月給が、普段の4倍以上にあたる100万円を超えていたんだ。残業手当に加えて繁忙期手当や、その他、諸々の手当を込みにした額だったのだけど、驚くしかなかったよね。そこに加えて、夏のボーナスとして300万円も支払われていた。これで合計700万円超えという……。信じられなかったけど、もっと信じられないのは俺自身だよ。だって、結果としてはこの金額のほとんどを風俗で使ったからな！

つまり、このお金があったからこそ、週に何度も風俗遊びをするカリスマ風俗客でいられたってわけだ。

それで、半年ぶりにお気に入りのフードルに会いに行ったら、「久しぶりね！　何をしていたの？」という話になる。そこで俺は初めて「俺、和菓子職人でさ、団子作りで工場に幽閉されていたんだよね」と正直に答えた。

実はこれまでにお気に入りの女の子には、あえて自分の素性は明かしてこなかった。それは、やはり和菓子って洋菓子に比べると地味だし斜陽気味だったからな。どこかで隠していたんだ。あと、職人っていうと真面目で頑固そうなイメージがあるじゃん？　これは女の子ウケしないなと思っていた。

でも、それが「マジ～？　ウケる～！」みたいな感じで、女の子から好意的なリアクションが返ってきた。で、「あ、和菓子職人で風俗好きっていうギャップってウケるんだな」ってひらめいたんだ。つまり、昼間は和菓子職人、夜は風俗客というキャラが確立されたってワケだ。

いま俺は遊ぶときは、女の子にお土産として店の和菓子を持参している。言うなれば、そのヒクソン☆高田スタイルの一歩がこのときにできたってワケだね。

【特別対談1】

二十年越しの同窓会

――元祖フードルと狂乱のブームを語る

ヒクソン☆高田（風俗バカ）
×
佑天寺うらんさん（元フードル、プロレスラー）

俺、ヒクソン☆高田が風俗にハマっていた理由の一つに、90年代後半に活躍していた風俗アイドル、すなわち〝フードル〟の存在がある。あのころのフードルはみな現役を退いていて消息がわからない……。そう思っていたら、いたんだよ、違う分野でだけど、今でも活躍している元祖フードルが！

それが佑天寺うらんちゃん！　女子プロレスラーとしても活躍していることでもお馴染みだけど、俺にとってはいつまでも〝うらんちゃん〟なんだな。そんな彼女と嬉しい再会を果たしました！

■二十数年ぶりの再会

ヒクソン☆高田（以下、ヒク）：うらんちゃ

佑天寺うらん:90年代後半に風俗デビュー。漫画家、ライターとしてマルチに活動する人気フードルだった。2002年、DDTでマスクウーマンの「昭和」子としてプロレスデビュー。その後はマスクを脱ぎ、バンビのリングネームで活躍した。

んと初めて会ったのは……。

佑天寺うらん（以下、うらん）：二十数年前？

ヒク：そうだね。うらんちゃんは当時発売されていた風俗情報誌の『プレイタウン情報』で連載をしていて。そこでうらんちゃんがインタビューをしていた子が、当時、俺のお気にだった子なの。それで気になって……。

うらん：指名してきてくれたんだよね。

ヒク：うん。それで俺ね、うらんちゃんに漫画で描いてもらったんだよね。

うらん：うん、描いた。ヒクちゃん、その時から顔も変わんないし、髪型も変わんないし。もうこのまんまだったよね！

ヒク：そう、まったく変わんないんだよね、20年前から。

うらん：素晴らしいことだよね。

ヒク：そうか？（笑）ちなみに当時はキャストさんにはお団子ではなく、どら焼きをプレゼントしてたんだけどね。で、当時のうらんちゃんは黒髪のショートだったんだよね。当時のフードルでショートの子って珍しかったよね。

うらん：あまりいなかったよね。それで、〝うらん〟の名前で写真が雑誌に出るじゃないですか。おかっぱの黒。他のページを見ると、同じ髪型をしたうらんちゃんがいっぱいいて（笑）。

ヒク：それはマネしてきたってこと？

うらん：絶対そうだと思う。お客さんも間違えてたし。「この間、うらんちゃんを予約したら、ぜんぜん違うコが出てきてさ」って。だって、一冊に6人くらい〝うらんちゃん〟がいたこともあったんだよ（苦笑）。それで佑天寺を付けたの、間違われないように。

■ヒクソンが〝初めて〟のお客さん

ヒク：うらんちゃんはあのころ、〝うらん組〟っていうサークルみたいなヤツをやっていたよね。うらん組ってのは当時のフードルの集まり、って説明でいいのかな？

うらん：そうだね。女のコたちで集まって飲み会とかをやって……でも、風俗店のスタッフたちには嫌われてたんだよね。女のコたちを会わせると、条件がいいお店に移っちゃうじゃない？だから基本、女のコたちは会わせないようにしているところを、いろんなところから女のコを集めて、飲み会やるから嫌がられた（笑）。あとはライターや編集者、カメラマンとか、業界人

風俗誌で連載していたうらんさんの漫画に登場したヒクソン☆高田。ヒクソンと初めて会ったときのことを描いた貴重な漫画だ（うらんさん提供）

が集まった〝ピノコ組〟っていうのもあったね。ヒクちゃんもきたことあるよね。

ヒク：連絡をもらって、なぜかただの客の俺も呼んでもらったんだよね。

うらん：実はお店のお客さんに連絡先を聞いたり、教えたりってしたことって、それまでなかったんですよ。でも、ヒクちゃんは大丈夫だと思って、初めてお客さんに連絡先を教えたんだよ。

ヒク：いまはLINEとか気軽に連絡先を交換できるけど、当時は御法度に近かったからね。俺もキャストさんと連絡先交換したのって、うらんちゃんが初めて。

うらん：ヒクちゃん、私と何回くらい、プレイしている？

ヒク：10回くらいじゃない？　通ったっつっても、うらんちゃん、そんなに出勤していなかったし。

うらん：そう。当時、雑誌に7、8本も連載を持っていたから、締め切りの連続でお店に出勤できなかったのよ（笑）。

ヒク：そういうことだったのか！　当時はネットもないから、「うらんさん、いつ出勤しますか？」って店に電話して聞くんですよ。そうすると「まだわかんないです」って言われて。だから、そんなに出勤も少なくて、常連っていっても週イチとかではなく、何ヶ月に1回とか……。

うらん：そんな感じだったけど、ヒクちゃんは忘れられないっていうか。私、今でもよく覚えているのが、ヘルス時代にヒクちゃんの頭を洗ってあげたことがあって……。

ヒク：ヒ～ヒヒ（引き笑い）。

うらん：お店ってボディソープはおいてあっても、シャンプーはないから……ヒクちゃん、自分で持ってきたよね？

ヒク：うん。あ、読者さんに断っておくけど、そういうプレイじゃないから（笑）。

うらん：あれ、何だったの？

ヒク：いやいや、髪を洗ってもらいたいじゃないですか。

うらん：でも、ヘルスだとドライヤーはないし、そもそも髪の毛を濡らされるの、嫌じゃない？

ヒク：いや、俺、風俗に行った日って風呂に入らないんですよ、シャワーを浴びるから。でも、「髪を洗うのはどうしよう？」と思って。それでシャンプーを持っていって……。

20年前の気分に戻って、ホテルの前でパチリ！

うらん：（爆笑）ちなみに私、そのとき、初めて人の頭を洗った。
ヒク：イヤだった？
うらん：ぜんぜん、ぜんぜん。楽しかったよ。
ヒク：だから、俺、うらんちゃんの洗髪バージンを奪ったの（笑）。で、それ以降、遊んだら髪を洗ってもらっているんですけど……。
うらん：ああ、そうなんだ？　今もシャンプー持参？
ヒク：今はホテルだからあるじゃん。で、洗ってってつって。洗ってもらっていますね。
うらん：発想がないよね、普通の人には。

■人気フードルの最高月収

ヒク：さて、フードル時代のお話を聞きたいんだけど、やっぱり、みんなが気になるのって、ゲスなことだけど、当時のフードルがどれだけスゴかったか？　つまり、いくら稼いでいたのかっていう……。
うらん：私はさっきも言ったけど、そんなにお店に出ていなかったから、そうでもないよ。でも、お金は一番稼いだときが、月１５０万円かな。
ヒク：おお～！
うらん：その時は週６のシフトで入っていたからね。

祐天寺うらん　21歳　身長167　B90W60H90　O型　池袋のイメクラ『ドルフィン』に勤めるかたわらマンガ、イラストなども手がける。フードル集団〝うらん組〟の主宰

恋愛感・貞操観念

仕事をしてから、SEXの質を重要視する様になったのと、いいSEX、悪いSEXの区別がちゃんとつ

フードル時代のうらんさん(『Naitai magazine』1999年7月号別冊より)

ヒク：当時のフードルって、雑誌のインタビューとかで普通に「マンション買った」とか「ベンツを買った」とかスゴイこと言っているんだよね。実際に店の近くのパーキングにそのコが乗ってきたベンツが駐車してあったりして。

うらん：ホントにスゴイ時代だったよね～。私は全然そうじゃなかったけど(笑)。

ヒク：今の風俗業界って気になる?

うらん：うらやましいな、と思うんですよね。

ヒク：へぇ～。

うらん：私、現役の時が本当に楽しかったから。お客さんは優しかったし……、まあ嫌なお客さんもたまにはいましたけど、お金ももらえたし、風俗で働くのが楽しかったんですね、本当に。

ヒク：あのね、俺、思うんだけどさ、今の風俗業界って写メ日記ありきじゃない? 20年前にもし今の環境だったら、たぶんうらんちゃんはスゴイことになっていたんじゃないかって。だって漫画も描けるし、文章だって素晴らしいしさ。今なんて、写メ日記の内容次第で全部、予約が埋まるじゃないですか。

うらん：ほんとにね。だからうらやましい。

ヒク：でもねえ、当時は紙媒体でよかったたっちゃ、よかったんだよね。

うらん：ネットって誰でも見られるから怖いかもしれないですね、顔を出すの。

ヒク：逆に現役時代がネット主流だったら顔を出していなかった？

うらん：かもしれないですね。親は風俗誌は見ないけど、ネットは見るから。で、バレるかもしれないじゃないですか？

ヒク：だから今、お店のホームページのプロフィールに顔出しするキャストさんって少ないでしょ。やっぱ、リスクは大きいよな〜。でも、写メ日記では顔を出していたりするんですよね。

うらん：でも、あれでしょ、スタンプとかで顔を隠してるでしょ？

ヒク：でも、それをヒントに予約をするっていう（笑）。だから、うらんちゃんとは、あの時期だからこその出会いだった気がする。でも当時、雑誌に顔を出すことに躊躇はなかった？

うらん：姉と妹がいるんですけど、「私、風俗やろうと思うんだけど」っていう会議をしたんですよ。そしたら妹は「あ、そうなの。お姉ちゃんがやりたいならいいんじゃない」って。で、姉が「顔を出してやるの？」っていうから「いや、顔を出すのはバレたらあれだから」って言ったら、姉が「バカ！」って。「顔を出す勇気もないのに、風俗をやるなんていうな！　やるんな

2人は立場は違えど、狂乱のフードル・ブームを駆け抜けた、いわば戦友。昔話に花が咲き、対談は終始、和やかな雰囲気の中で行われた。

らちゃんと顔を出せ！」って言って。じゃあ逆にいいのかなって。やるんだったら、もうとことんやろうと思いましたね。

■プロレス会場でまさかの再会

ヒク：でも、うらんちゃんは徐々にフェードアウトしていって……。それでDDTっていうプロレス団体の試合会場で再会して。ある日、『昭和』子」っていうマスクマンが出てきて、「あれ？　どこかで……」みたいな（笑）。

うらん：で、知ってるぞと。なんでわかったの？

ヒク：ボディーラインで。

うらん：おぉー、すげえ（笑）。

ヒク：あと、マスクからちょっと出ている目とか。「あれぇ」と思って。で、一緒に観戦していた人に「俺、あの人知っていますよ」っていって。で、「何でオマエ知ってんだよ？」って聞かれたから、「ちょっと前にプレイした！」って（笑）。

うらん：（爆笑）

ヒク：そろそろ話を締めなきゃいけないんだけど、さっき、現役時代、楽しかったって言ってたじゃない？

うらん：うん。本当に楽しかった。

ヒク：で、久々に再会したことで聞きたいんだけど、プロレスラーとしてもフリーランスになった今、フードルというか、風俗業界への復帰はあり得るのかな？

うらん：いや〜、それは痩せて老けていなかったら、顔が。痩せると老けるじゃないですか？だから、これ以上、おばちゃんに見えるんだったら失礼だからやらないけど……って感じかな。

ヒク：そういえば、Twitterのアカウントが〝性教育おばさん〟ってなっているけどさ、今後はその方向でやろうと考えているの？

うらん：いや〜、あれはただツイートするだけのものであって。で、あとは知り合いにいいコンドームを配ったりとか（笑）。

ヒク：そうなんだ〜。まぁ、また会いたいよね〜。じゃあ、今度はこの本を売って印税がたくさん入ったら食事でも！

うらん：最近のヒクちゃんの得意技になっている、お寿司、お願いします！（笑）

ヒク：よっしゃ、寿司まみれを目指すぞ！

【第四章】ヒクソン☆高田の誕生

もともとは読者投稿のペンネーム

1999年春に起こった団子バブルの後、半年に及んだ風俗自粛期間の反動で、俺の風俗遊びは加速していった。

銀行の口座には700万円近くあったから、当時は本当に通いまくったし、それでフードルにも顔を覚えてもらえるようになった。ファッションヘルスに飽き足らず、ソープランドとかニューハーフ風俗とか、あらゆるジャンルの風俗店に足を運ぶようになった。

浪費っていえば浪費だけど、この時期の狂ったような遊び方が結果的に〝ヒクソン☆高田〟っていう伝説の風俗バカ（↑自分で言うなっつーの！）を生み出すことになったのは間違いない。

そんな俺が各メディアに顔を出して、あ～だこ～だ言って論客的に扱われるようになったのは、ここ10年くらいのことだと思う。だから、メディアに出るようになってからヒクソン☆高田を名乗るようになったと思われることが多いんだけど、実は団子バブルの前から名乗っていたんだな。

コトのキッカケは当時、月に十数誌も買っていた風俗情報誌だ。

情報誌は店舗情報はもちろんのこと、フードルのグラビア、あとは記者による体験取材などの読み物のページで構成されていた。その中には読者による投稿コーナーがあったんだ。たいていが自分が遊んだお店のレポートだったり、なかにはフードルのイラストコーナーなんてのもあったな〜。で、ここで勘のよい人は〝ピン！〟ときただろう？　まあ、簡単に説明してしまうと、その読者投稿コーナーにて使用していたペンネームなんだな。

ヒクソン☆高田の（かなりどうでもいい）誕生秘話

それでは、なぜ、『ヒクソン☆高田』なのか？

まぁ、これも実に単純な話で、１９９７年10月11日に東京ドームで開催された格闘技イベント『ＰＲＩＤＥ１』の「ヒクソン・グレイシー対高田延彦戦」にちなんだものなんだ。俺、この一戦に感動しちゃってさ……という理由だったら、「なるほど！」と納得してもらえるかもしれないけど、実はそうじゃなくて逆なんだよ。俺自身、あの一戦は期待が高かった分、実際に観たら「え？」みたいな……、たしかにあの一戦に由来するのは間違いないんだけど感動したからってわけじゃないんだよね。

ところで、読者さんには風俗ユーザーが多いと思うけど、プレイの予約をする時に自分の本名って名乗ってる？　当然、名乗らないよね？　だって恥ずかしいもんな……って、カリスマ風俗客がそんなことを言うなって話だけど。まあ、俺も偽名を使っていたんだけど、その時に名乗っていたのが高田だったってワケ。

それでは、なぜ、高田だったのか？　それは言い間違いがきっかけなんだ。

実はそれまでも偽名を使っていたんだけど、これっていうのは決まっていなかった。予約の時に名前を聞かれたら、「吉田」とか「高橋」といった感じで、知り合いの名字を名乗っていたんだ。しかも、工場とかでイヤだなぁって思ってるヤツのな。ほら、そうしたら、もしもバレた時に「いや、行ったのは俺じゃなく吉田さんだから〜」って言い訳ができるじゃん？　今となってはヒドイ話なんだけど。

それが98年某日のこと。その時、夜勤明けで疲れていて、頭がボ〜っとしていてさ。名前を聞かれて思わず本名を名乗りそうになっちゃった。高田ってのは、実は俺の本名と響きが近いんだよ。だからって俺の本名を詮索するのはやめろよ！　この話をすると高田に近いからって「竹田でしょ？」って言うヤツがいるけど、武田かもしれないだろ？　もしかしたら田畑かもしれないし、滝田や田形かもしれないし、坂田、中田……な、いろいろ候補はあるだろ？　だから俺の本名当てクイズはやめてくれ。

この高田ってのが妙にしっくりきたんだ。で、それから予約のときには毎回、高田を使うようになった。その流れで雑誌に投稿を始めるのにペンネームを考えるにあたってスンナリと高田は決定。しかし、それだけでは味気ないし〝高田○○〟にするのか、○○高田にするのか考えた。その時に「そういえば俺、プロレスが好きだし、やっぱ、○○高田の方だろ！」と思っちゃって。やっぱ、アントニオ高田かな？　いやいや、アントンは恐れ多くて名乗れない。じゃあ、ドラゴンか？　メキシコっぽくエル・高田にする？　いやいや、ロシアっぽくウラジミル高田なんてのもいいかも……なんて思ったけど、どうもシックリこないところ、98年にヒクソン・グレイシーと高田延彦が再戦することになって、「〝ヒクソン高田〟っていいかも！」って思ったんだ。だけど、クレームがくると困るから（↑チキンだね～、俺）、ヒクソンと高田の間に「☆」を入れたってわけ。こだわりは白抜きの星ね。黒星（★）だと縁起が悪いから。

風俗情報誌の投稿マニア

そんなこんなでヒクソン☆高田が始動したのだけど、なぜ、風俗雑誌への投稿を始めたのか？　しかも12冊のほとんどにだぜ？

理由は簡単だ。投稿が採用された時の賞品が目当てだった。

だって、その賞品って基本的に風俗店の無料招待券や割引券だったからね。

当時はホームページなんてほとんどないし、今や割引券の宝庫ともいえる風俗系のポータルサイトだってなかった。だから、雑誌の割引券を持参したものだけど、賞品となると、その割引額が雑誌掲載の金額よりも高いこともあって、俺は当選してタダで風俗遊びできることを想像してシコシコとハガキを書きまくった次第。

ヒクソン☆高田を名乗ってから、風俗店以外にも出かける場所が増えた。

何度も投稿をしていると、「こいつ、おもしろそうじゃん！」という感じで情報誌の編集者に名前を覚えてもらえるようになって、編集部に呼ばれるようになったんだよ。いまでは考えられないことだけど、当時は編集部を一般に開放している、ゆる〜い出版社もあった。俺はそこに積極的に顔を出した。すると、次の月の雑誌に「ヒクソン☆高田クンが遊びにきてくれました」的に掲載されたりしてな。情報誌はお店のスタッフやキャストさんもよく読んでいるから、「あの雑誌に載っていたね」なんて会話が増えていくようになった。それがヒクソン☆高田の顔を覚えてもらうキッカケになったのは間違いないだろう。

ナイタイ
ファンくらぶ
2001
じい感じ方をする女のコに出会った。その時、あまりの迫力に背筋が寒くなり、怖かった。
2本（千葉県　I・K）
が、女のコに断られた。
2本（川崎市　匿名）
今月のMVP
僕は風俗で女のコをアダ名で呼びます。杏奈ちゃんは、杏奈ルシア。ひとみちゃんは、ひとみックス。りおなちゃんは、りおなルド。あいらちゃんは、あいらンド。でも、アダ名呼んだ時の彼女達の反応は…ニコリともしてくれません。
（北区　ヒクソン★高田）
横浜ヘルス「夜這い屋本舗」夕方5時まで40分コース無料券贈呈。
○性感のリリちゃんが引っ越すと聞き、『どこに引っ越すの？教えて』と、しつこく聞いたら、

MVPに選ばれたヒクソン☆高田の投稿
（『Naitai magazine』2001年5月号より）

また、90年代後期って、フードルを主軸に風俗をサブカルチャーとして扱う時代でもあって、前も書いたけどフードルがCDデビューしたり、トレーディング

カードになったりしていた。それで、そこに付随したイベントも多かったんだよ。人気フードルが集まってのトークショーもあったり、俺、そういうところにも積極的に顔を出していたんだ。当時は風俗店以外に遊びに行く場所もなかったしね。そこでも「ヒクソン☆高田さんですか？」って聞かれることも多くて。

そうやって声をかけてくるのは店のスタッフとか関係者がほとんどだったけど、風俗情報誌の編集者や記者もいた。なかには一般読者、つまり、俺と同じ立場の人からも「あのヒクソン☆高田さんですか！」なんて言われるようになってな。そういうときはつい鼻高々になったけど、時には「テメェばっかり優遇されてんじゃねえよ！」とイチャモンをつけられることもあったな〜（遠い目）。

恩人、赤木太陽氏との出会い

そんな感じで風俗業界界隈で縁が広がっていって、なんとなくヒクソン☆高田という名前も広まっていった。そうして俺に目をかけてくださる方も出てきたんだ。その中に当時、（俺の中では）カリスマ編集者だった赤木太陽さんがいた。

この赤木さんは風俗ではなくキャバクラ雑誌を主戦場にされていた方なのだけど、本当に可愛がってもらったんだ。あ、可愛がってもらったっていっても、変な意味じゃないよ。赤木さんがかかわっていた某プロレス団体には、そういう人もいたけど、俺は風俗通いしていたんでノーマルだ（それでも新宿二丁目でモテるんだけど）。

とにかく、赤木さんがかかわっているイベントや仕事の場に呼んでもらって、そこで「こいつ、ヒクソン☆高田っていって、風俗バカなんだよ！」みたいに紹介していただいたんだ。

『ヤンナイ』に登場したヒクソン。ただの客なのにレギュラーコーナーをもったことも。

そうすると、紹介された人も「あの赤木さんが言うんだから、相当の風俗バカなんだな……」という感じで名前と顔を覚えてくれるようになって、また別の仕事のお話が入ってくるということになった。これらの流れが今の俺の礎になっているのは間違いない。

一般誌で顔と裸体をさらす

そんなある日、赤木さんに呼ばれた。

「ヒクソン、オマエ、雑誌の企画で顔を出せる?」って聞かれたんだ。

もちろん、俺は即答したね、「はい、やります!」って。だって、その雑誌って風俗情報誌だと思ったんだ。ところが全国的にも有名な週刊誌だったんだ、その案件は。しかも、男優的に風俗のテクニックを体験する内容だった。つまり、顔だけじゃなく、カラダもさらけ出すことになる。まあ、ポ○チンはボカシ入りだから大きさとかごまかせるけどな!

なんて、呑気なことを言ってる場合じゃない。

だって、全国的に有名な雑誌に素顔をさらして出るんだぜ。顔バレしたら実家や職場での立場とか、さすがにマズくなるよな〜。

そう書くと、「さんざん風俗情報誌に顔を出しといてか?」ってツッコミが入るかもしれないけど、実は風俗情報誌の多くは販売地域が限られたものなんだよ。関東は関東の風俗店の情報しか載っていないから、都内とその近郊に限っての発売だった。しかも、内容がマニアックになると、書店のみの販売で、コンビニでは取り扱わない。当時はまだネット版なんてものもなかったし、ようはバレるおそれは低かったんだよね。

ところが、今回の案件は全国で流通する一般誌で、しかも、万人が読むような有名雑誌……。今回ばかりはマズイかなと思って一瞬だけ躊躇したけど、結局は「やります！」って答えた。ま、赤木さんが人を乗せるのが上手くて、そこに俺が乗っかっちゃったってこともあるけどね。

この雑誌に載ったことは、思った以上に反響があった。

お店のスタッフさんはもちろんのこと、キャストさんからも「載ってたでしょ？」、「ヒクちゃん、見たわよ！」なんて言われるようになってさ。さらに、その雑誌からもその後、何度も取材されるようになった。「風俗系の特集といったらヒクソン☆高田で！」みたいな流れになったんだよ（↑と、いっても、ここ2年くらい、何の連絡もないけどな！）。

こうやってヒクソン☆高田の名前が次第にカリスマ色を増していった感じがする

……あくまでも自分の中だけでの反応だけど。

さて、最初は懸念された職場や家族への顔バレだけど、これが実際に今のところゼロだ。ただし、今回、この本を出すにあたって表紙でバレちゃうのではないかと思うこともあったり、なかったり。

だって、かなり似てるでしょ、表紙のイラスト。お気に入りのシースルーのTバックのパンティをはいて、ドキドキしながら道を歩いている……みたいな女子の気持ちでイッパイです。見られたくないけど見てほしい。見てほしくないけど見られたい。乙女心って、こんな感じなんだろうな〜。

ヒクソン☆高田流の身バレ対策

それはさておき。メディアに出始めたころから現在に続くまでバレないというのはある程度、計算済みだった。

まず、家庭については両親、兄ともに雑誌を読んでいるところを見たこともないし、「ケータイは電話さえつながればいい」とか言っていた人たちなので、いまだにガラケーだ。俺が出ているようなサイトはスマホじゃないと見られないから（たぶん）、まぁ、バレないだろう。そんなお気楽気分である。

しかし、だ。これが職場となると……と周囲を見渡してみた。

実は俺がメディアに出始めたころから会社が少し斜陽になってな。職人の新規採用を控えたことで、気が付けば俺から下の世代がひとりもいないという状況に。今でも50歳一歩手前の俺が一番若手という環境で、皆、老眼だからスマホなんて必要最低限の使い方しかしねえんだ、これが。スマホだけならばまだしも、お菓子を作る機械の説明書すら「高田クン、何て書いてあるか読んでくれる？」みたいな感じだからな。こりゃあ、絶対に職場バレはしないと思ってメディアに出続けてきた。

まあ、それでも俺にだってNG事項はあって、テレビの場合は地上波はダメ絶対！　これまでに何度かテレビ出演をさせていただいたけど、CS放送だったので親や職場の人は見ないだろうと確信して出演した。

実は地上波からも出演依頼があったんだよ。それも、ちょっとコメントを出しただけで3回は手コキ風俗で遊べるようなギャラが出るって話だった。ぶっちゃけ魅力的だったけど、泣く泣く諦めた。あと、雑誌の場合は表紙への写真掲載はNGな。

まぁ、こっちのほうは今のところ、そういう依頼はないのだけど……。だけど、この先の未来で手コキがトレンドになったら、俺、カリスマとして『メンズ○ンノ』とかの男性誌からの依頼がくるかもしれないじゃん？　そんな妄想を抱いたりしながら、地上波と表紙での写真掲載はお断りしている次第だ。

キャストさんによる職場訪問

それでは、今までに親や同僚に俺がヒクソン☆高田であることがバレたことはないのか？　これは断言しますよ、「一切ない！」って。

だけど……実は未遂は何度もあったりするんだ。

とくに最近のことなんだけど、俺はお遊びするときは、それまで何度も入っているお気に入りのキャストさんや、初対面でも気になって気になって仕方がなくて指名したキャストさんには、うちのお店のお菓子をお土産に持っていくのね。基本的に感謝されるし、今だと速攻で写メ日記に書かれたりして、俺自身の宣伝にもなるわけだ。これはこれでヨシ。俺の作戦通りだからね。

しかし、これは初対面で渡したキャストさんにありがちなんだけど、次の日にお店にやってきて、「高田さん、いますか？」なんて感じで接客係のオバちゃんに聞くんだよ。

高田さんならば、まだいい。

店番のおばちゃんにとって、俺は高田じゃないけれど、さっき書いたように本名の発音と近いから、聞き間違いと思ってくれる可能性もある。

でも「ヒクちゃん、いる？」って聞かれると、これは冷や冷やする。

「ヒクさんって誰？」ってなったときの、店内に流れる凍てついた空気といったら！　ただ、最近は「ヒクっていうのは学生時代のニックネームです」って職場に軽～く伝えているので、なんとなくわかってもらえたような、そうでないような……。

問題は訪ねてくるキャストさんですよ。

俺が指名するってことは可愛いに決まっているんだ。しかも俺が勤務する和菓子屋は老舗っていわれる部類で古くさく……いや、レトロ感満載な店だ。そこに流行りのブランド服に身を包んだ、華美でキレイなお姉さんが入ってきたときの未知との遭遇度数の高さといったら！　しかも俺を呼ぶんだぜ？

ちなみに俺は職場では非モテ度１００パーセント野郎で通っているので、店番のオバちゃんから「もぉ～、高田クンもやるじゃない！」って言われて、ニヤニヤされたりする。もちろん「彼女は、昨日、俺を手コイた女性です」なんて言えるわけもなく、「妹です」（↑ずいぶんと年齢差があるけどどな！）とか「姪です！」（↑こっちのほうがシックリくるね）って切り抜けているわけなんだけど……。最近、こういうケースが増えているんだ。

傾きつつある老舗としては、そうやってお客さんがきてくれるのは嬉しいんだけど、俺としてはいつかバレるんじゃないかって冷や冷やしちゃうよね。

ヒクソン☆高田になって良かったこと

ただ、こういうこともヒクソン☆高田という名前が、多少なりとも風俗業界に知られるようになっているからであり、実にありがたいことだよね。ヒクソン☆高田になって良かったと心の底から思っています。

……ってなことをこの本の制作会議のときに言った。そしたら、担当編集氏から「ヒクソン☆高田になって、どういうところがよかったですか？　それも書いてください」と言われたので、書いてみよう。

まず、これは和菓子職人として働き始めた時と同じことだけど、「俺を俺として認めてくれた」ってことですよ。

すでに書いた通り、俺は子どものころはいじめられっ子で、存在そのものを否定されることが多々あった。それが今では歌舞伎町を歩けば「ヒクちゃ～ん！」って声がかかるし、池袋を歩けば「いよっ！　高田殿！」なんて声をかけられる。……まあ、池袋は1度きりだけどね。何より、さまざまなメディアからお声掛けいただけるのは嬉しいよね。今の姿を小中学生時代の俺に見せてやりたいよ。

ただ、「ヒクさん！」って慕われるのはメチャクチャ嬉しいけど、かなり照れ臭いんだよ。それまで慕われたことがなかったし……。まさか、弟子志願者も出てくるとはな……。そう、いたんですよ、弟子が！　イベントとかに顔を出していると見知らぬ若者から声をかけられるんだよ、「弟子にしてください！」って。しかも、「師匠！」なんて言ってくるもんだから、俺も浮かれちゃって、ついOKしちゃって、多い時は弟子が3人もいたんだよ。

ただ弟子っていっても、何をするわけでもなく、LINEのIDを交換して「飲みに行く？」みたいな。まあ、弟子っていうよりも、実態はただの飲み仲間なわけだけど、俺もつい「手コキ風俗とは……」なんて蘊蓄や含蓄を垂れちゃったりして。

でも、俺の話が深過ぎたんだろうね。徐々に弟子たちの出席率は悪くなり、しまいには連絡しても出なかったり、LINEの既読すらつかなくなったり……。なかには「リアルに彼女ができて風俗どころじゃなくて、ヒクソン師匠には申し訳なくて……」と謝ってきた者もいた。

申し訳ないはないって！　弟子の幸せならば喜んで送り出すって！　そう伝えたよ、俺は。だけど、仮にコイツらが結婚したら、ご祝儀に激辛の団子でも贈ってやろうかな〜なんて思っちゃう俺もいたりしてな。だって、俺の弟子であれば〝素人と絡まない〟がモットーなはずだからさ。

ヒクソン☆高田的〝風俗哲学〟

ヒクソン☆高田になって以来、俺は「素人と絡まない」ということをモットーにしている。

もっとも、実際は今みたいな〝自宅→職場→自宅or風俗遊び〟という生活をしていたら、女性と知り合う機会なんてないに等しいけどね。ただ、メディアなどで〝非素人宣言〟をしちゃっている手前、それこそ素人女性には指一本触れない気持ちだし、ストイックになれたこともヒクソン☆高田になったからこそだな～。

また、よく聞かれるのが、「なぜ、〝プロ〟にならないの?」ってこと。プロ……つまり、風俗ライターや編集者、評論家ということなんでしょうけど……一言でいえば「自由に遊べなくなるのがイヤ!」ってことだ。

お世話になっている風俗ライターや編集者を見ていると、「風俗に関わるのは仕事として……」という人ばかりだ。それは当たり前だよね、職業なのだから。そうなると、仮にプライベートで風俗遊びをしたとしても純粋に楽しめないことは容易に想像できて、俺はイヤだな～って。やはり、お金を払って純粋に客として手コキを楽しみたいから、そういう話はやんわりとお断りしている次第。

そして、もう一つは普段は和菓子職人であるということが俺のアイデンティティだってわかっているからだ。

俺の存在を楽しんでくれている人の多くは、まず、カリスマ風俗客なのに昼間は和菓子職人であるというギャップをおもしろがってくれていると思うんだ。そこは大切にしたいんだな。

だって、俺から和菓子職人という肩書を取ったら単なる変態だぜ？　そこは誰よりも理解しているからさ、定年までの後15年は「ヒクソン☆高田の正体は和菓子職人です！」って言えるようにしたいね。だから、この和菓子職人というアイデンティティは俺にとって、何よりも大切なことなんだ。そのため、職場バレだけは阻止しなくてはならない重要なミッションってワケなんだよ。

なぜ素人女性と絡まないのか？

それでは、逆に「ヒクソン☆高田になって困ることは？」ということだけど、これが一切ない！　いや、だって風俗で遊ぶのに困ることなんて何一つないでしょ、そもそもの話として。「有名税とかないの？」ってことも聞かれるけど、まだまだ、そこまで有名じゃないしな！　そりゃあ、陰でどうのこうの言うヤツもいるだろうけどさ、言わせておけばいいいし、面と向かって俺と接してくれる人たちはみんな親切だし、それが答えですよ。

あ、そうだ！　すっげぇ困るってことではないんだけど、「素人とは絡まないをモットーにしているってことはキャストとは付き合っているんでしょ？」みたいなことを言ってくる輩がいる。

そんなことあるわけがない（断言！）。

仮にキャストさんと付き合ったとする。でも、それはプライベートなことであり、そこで会うってことは彼女もプライベートだから素人じゃん？　だから、俺は素人と付き合わない……ってよりも、彼女を作らないってことだ。

だってさ……彼女を作ったらデートとかしなきゃいけないし、バースデーやクリスマスにプレゼントしなきゃいけないんでしょ？　そうなると風俗に行く時間がないし、風俗で使うお金も少なくなるじゃん？　風俗バカとしては、そこは譲れないってことで、俺は今後、素人と絡まないし彼女を作らないだろうね。だからこそ、19歳の時のたった一度の過ちっていうか、童貞喪失が悔やまれてならない。そして……仮に彼女ができたりしたら、俺、風俗バカの名称を返上して風俗通いも辞めるよ。それほどの覚悟を持って風俗に通っているからね（……大袈裟すぎるだろ、俺！）。

変わらないようでいて、実は変わっている男

ヒクソン☆高田を名乗って二十数年。メディアに出演させていただくようになって十数年……長いような短いような、ってのが正直な感想だ。

その間、この本で対談した佑天寺うらんさんにも言われたけど、俺、変わってないらしいんだよな。それはルックス的なことであったり、雰囲気であったり。まぁ、俺は髪形もずっと変わってないし、服装も十数年、同じ服を着まわしているから、変わってないのではなく、〝同じ〟なんだよ！　だけど、この二十数年で変わったことはたくさんあったりする。とくにプレイスタイルは、かなりシフトチェンジしているぞ、俺って。

これまで書いてきたように、俺がフードルにハマり始めたころ、彼女たちのほと

んどがファッションヘルスに在籍していて、風俗自体もそれが主流だった。つまり、キスや全身リップがあってフィニッシュはフェラ、という流れのサービスを受けることができるんだけど。

当時の俺はそれが風俗の当然だと思っていたし、当然ながら裸同士でイチャイチャして、念願のおマ〇コを見られるってのが風俗遊びだと疑わなかった。それで、このままフェラをされて風俗バカ人生を進むのかなって思ってた。

しかし、ご存知のように俺は今、手コキ風俗にしか行かない。今では『2000人に手こかれた男』というキャッチフレーズを好んで使っているけど、ヒクソン☆高田になった当初はそうなるなんて思ってもみなかった。

さて、なんで俺は現在、手コキ風俗にしか行かないのか？　その答えは次章で書いてみたいと思います。

【特別対談2】

風俗とプロレスの共通点とは？

――風俗界きってのプロレスマニア対談

ヒクソン☆高田（風俗バカ）
×
小沢店長（『ドクトル・ストレッチ』）

今回、この本を出版するにあたって、ぜひ会ってみたい人がいた。

それが池袋で〝健康＆風俗〟ってキャッチフレーズで営業している『ドクトル・ストレッチ』の店長さんだ。新感覚の手コキ風俗店であり、俺も何度か利用しているんだけど、店長さんとお会いするのは初めてだったりする。この店長さんが俺と〝同じ趣味〟を持っているようで……。

■ヒクソン☆高田が恩人？

ヒクソン☆高田（以下ヒク）：どうも、はじめまして！　ヒクソン☆高田です！

店長：こちらこそ、はじめまして。『ドクトル・ストレッチ』の店長を務めている小沢と申します。いや～、〝恩人〟のヒクソン☆

小沢店長：某有名ファッションヘルスの系列店勤務、ホテルヘルスの経営などを経て、池袋にてストレッチと手コキを組み合わせた「ドクトル・ストレッチ」を営業中。試合のためならお店を休む、筋金入りのプロレスファンでもある。

高田さんに会えて嬉しいですよ！

ヒク：いやいや、そんな！

店長：４年前の立ち上げ当初にヒクソンさんが『ＳＰＡ！』で気になる風俗店として当店を挙げてくださって、それで注目を集めて軌道に乗りましたから！

ヒク：いや〜、俺は本当にコンセプトがおもしろいなぁ〜って思って。だって、女性と密着してのストレッチを受けながらの手コキですよ？　それまでに、そして、今でも唯一無二の存在じゃないですか！

店長：ありがとうございます！　もぉ光栄です！

ヒク：まぁ、ぶっちゃけ、その時はまだ利用したことがなかったんですけど……。

店長：え？

ヒク：（慌てて）いやいや、その時の『ＳＰ

A！』のギャラで速攻『ドクトル・ストレッチ』さんで遊びましたから！　それで店長さんともDMとかでやり取りするようになって……。

店長：やっと、今日お会いできたと。でも、すみませんね、事務所の近くまできていただいちゃって。なにせ、店を一人で切り盛りしているもんで……。

ヒク：そうなんですか？

店長：ドライバーさんはいますけど、その他の業務は私が一人でやっています。でも、デリバリーですから、一人で十分ですし、経費とかもね……。以前、ホテルヘルスを経営していたときは毎月、経費として莫大な金額が飛んでいきましたから（苦笑）。

ヒク：あ、ホテヘルをやっていたんですね。

店長：受付が入れる物件も限られていて、家賃も割高ですし、それに受付とは別にキャストさんの待機場も借りなくてはいけないし……絶対に儲からない仕組みになっていましたね（笑）。

■共通の趣味について話りたい

ヒク：今日、店長と対談をしたかったのは、風俗のことではなく、プロレスなんですよ！

店長：そうですね、私もプロレスファンです。事務所にもマスクが飾ってありますよ。

ヒク：うわ～、ガチっすね（笑）。そういえば、初期はお店の在籍キャストさんの源氏名が女子プロレスラーの名前でしたよね？

店長：そうですね～、90年代の女子プロレスラーの名前をお借りしていました（笑）。でも、女のコたちがイヤがるんですよ……だからやめました（苦笑）。

ヒク：店長のＳＮＳやブログを読んでいると、時々、「本日は○○プロレスの大会を観戦するので夕方までの営業です」って書いてあるじゃないですか？

店長：そうですね。やはり、プロレスファンとして外せない試合って絶対にありますから！　そういうときはキャストさんに頭を下げて、「この日、店を休みにしていいかな？」って感じでお伺いをたてて……。

ヒク：すごい、この人はプロレスファンの鑑だよ！

■虎に人生を狂わされた男たち

ヒク：ところで俺は昭和46年生まれなんですけど、店長は？

店長：自分は昭和48年ですから、ヒクソンさんの2歳下ですね。

ヒク：と、いうことは初代タイガーマスクがプロレスファンになったキッカケですか？

店長：まさに！　やっぱ、カッコよかったですもんね、初代タイガーマスク！

ヒク：やっぱ、俺ら世代って、そうなんだよな～。で、初代タイガーマスクの後はどんな感じでハマりました？

店長：初代タイガーマスクが引退した後は……、ザ・コブラは〝う～ん……〟みたいな（笑）。今、コブラは何をしてるんですかね？

ヒク：時折、イベントをやってるみたい。で、マスクを高額で売って……（笑）。

店長：そうなんですか……。それで、新日本プロレスから全日本プロレスに鞍替えってわけじゃないですけど「天龍革命」、スゲェな〜みたいな。ジャンボ鶴田との「鶴龍対決」、シビれる〜、みたいな。

ヒク：わかります！　あと、我々世代は当時の全日といえば〝ロード・ウォリアーズ〟ですよ！　先日、アニマル・ウォリアーが亡くなっちゃいましたけど……。

店長：そういえば、『世界のプロレス』って番組もありましたよね〜。あの番組、アメリカンプロレスだけじゃなくて、メキシコのルチャリブレや、日本の第一次ＵＷＦの試合もオンエアしてましたよね！

ヒク：そうそう！

店長：あの番組で初めて動くスーパー・タイガー（初代タイガーマスクが改名したリングネーム）を見たんだよな〜。

ヒク：それで、その後、日本にはＦＭＷとかのインディー団体が出てきて、選手が身近になって……。これって、今、ＳＮＳでキャストさんとつながる感じに似ているかも。ハードルが低くなったっていうかさ。

店長：あぁ〜、そうかもしれないですね。

■プロレスと風俗の共通点

ヒク：しかし、なぜ、プロレスファンには風俗好きが多いんでしょう？

店長：たしかに、当店のお客様にも多い気がしますね。

ヒク：うちの店の団子に乗っている餡（＝アン）よりも多いぞ、みたいな。今、上手いこと言ったつもりです。

店長：（笑）でも、やっぱり、東スポ（東京スポーツ）の影響じゃないですかね？　プロレスもエロも両方載っているから。

ヒク：ですよね！　俺が中学生当時はネットがなかったからさ、テレビの生中継のない試合結果を知るには翌日、駅の売店で東スポを買うしかなかったんだよ！　それで、駅売りの東スポってさ、真ん中にエロ記事が載ってるんだよ！　思春期だからプロレスの結果も気になるけど、そっちも気になって仕方ないったらありゃしない（笑）。

店長：実際、私、東スポのアダルト面で人生変わっているんですよ。

ヒク：と、いうと？

店長：下の方に求人欄がありますよね？　２つほど興味のある店がありまして。それで、１件はやたらと待遇がいいんですけど……ゲイモデルの求人で（笑）。もう一つが新宿の、今でもあるファッションヘルス。それで、その求人広告を見て、新宿のファッションヘルスの系列店で働くようになったのが風俗業界の入り口でしたから。

ヒク：そうなんですね！　やっぱ、東スポがプロレスと風俗店をつなげているんだな〜。

■唯一無二のストレッチ風俗

店長：ヒクソンさんにお伺いしたかったんですけど、当店のサービスはいかがでしたか？

ヒク：そうですね〜……本当に個性的というか、ストレッチが本格的なんですよ！　ガッチリと身体をほぐしてもらっているうちに、密着でアソコがガチガチになるっていう……。で、スッキリできて、まさに〝健康&風俗〟！　みたいな。うん、唯一無二ですよね。

店長：これまでにも何度か、同じようなコンセプトのお店が出てきたんですけどね。だけど、うちの店ほどシッカリとストレッチをする店はなかっかったの、スグになくなっちゃいましたけどね。

ヒク：やっぱ、そういうところも似ているよね〜、プロレス界と。特徴のある団体がブレイクして、それに似たような団体が出てきても、やっぱ元祖が残るっていうさ。

店長：そう言っていただけるとありがたいんですけど、そのストレッチの本格さがキャストさんにはネックになるようで……。私、これまでの風俗業界経験から『ドクトル・ストレッチ』の〝脱がない・舐めない・触られない〟というスタイルは、求人の応募も多いと思ったんですけど、これがそうでもない（笑）。どうやら、ストレッチというのが……。

店長自慢のマスクコレクションとともに。本棚にもプロレス本が多数。

ヒク：プロレス業界だってそうじゃないですか？　最近は入門希望者が少ないらしいけど、逸材はいるわけですし（笑）。

店長：働く女のコからしてみたら、入店したその日からお金が欲しい、イコール、その日のうちに働きたいから、ストレッチの研修なんてやってられないということもあります。

ヒク：それも入門してスグにデビューできるんじゃないかって思っているプロレスの練習生みたいなもんだな。スクワットとかロクにできないのに「ムーンサルトプレス、やらせてください！」、みたいな（笑）。

店長：まさにそうですね（笑）。たとえルックスがよくても、しっかりとした技術を持っていない女のコをデビューさせても、後々、お店側に不利益が生じるのは見えていますから。あと、これもプロレスとの共通点だと思うんですけど、フィニッシュに至るまでの流れに説得力が無いとお客様だって納得しないですよね？

ヒク：まさにそうです！　途中で出すテクニックが雑だったら、たとえフィニッシュが綺麗に決まってても興ざめだもんな～。とくに手コキ風俗はフィニッシュが手なだけに、フェラなどと違って、出せるテクニックが限られてくる。そこでプレイ時間を構築していくのは、けっこう大変ですよね。

店長：だからこそ、ストレッチとかの付加価値が大切だと思います。そこを極めていけば、最強の武器になるかなって。

ヒク：まさに唯一無二の団体……じゃねえや（笑）、お店ですからね！　これからも楽しいプレイを期待しています！　今日はありがとうございました！

店長：こちらこそ！　また、ストレッチでヒーヒーさせられてください（笑）。

取材協力：『ドクトル・ストレッチ』（池袋）
「池袋　健康&風俗　ドクトル　ストレッチ」で検索！

【第五章】ヒクソン☆高田流「風俗の遊び方」

ここ十数年は粘膜接触は皆無

もぉ～、おマ○コなんてどうでもいいや！

あれだけおマ○コを見たくて風俗（ファッションヘルス、デリヘル、イメクラなど）通いをしていた俺だけど、ここ十数年ほど、それらのジャンルには行っていない。いや、正確なことを書けば、行くことは行った。だけど、そこでフェラを受けていない。もっと言ってしまえば、キャストさんとはキスすらもしていない。いわゆる粘膜接触ってヤツをしていないぞ、この十数年。

それでは、ナニをしているのか？　それは『手コキ』である。

手コキ……今さら説明するのはアレなんだけど、ようはキャストさんにポ○チンを手でシゴいてもらい、射精に至る行為である。そして、その手コキをフィニッシュにしている業種を『手コキ風俗』と呼んでいるのだけど、2020年現在のヒクソン☆高田は手コキ風俗オンリーなのである！

エラそ～に「なのである！」とか宣言しちゃっているけど、もちろん、俺にもスタートというものがある。それまで「フェラチオこそ風俗の醍醐味！」と思っていた俺がなぜ、手コキ風俗にハマったのか？

M性感との出会いが人生を変えた

それは約20年前のある日のこと。団子バブルで得た700万円を元手にイロイロなジャンルの風俗で遊びまくったことは本書でも何度も触れている。とにかく、気になる店は片っ端から遊ぶようにしていたのだけど、何気なく入ったあるジャンルのお店での出来事がきっかけで手コキ風俗にハマったのだ。

それは『M性感』というジャンルなんだけど、当時の俺はその名前しか知らなかった。「M」はSMの「M」だろうってことは何となくわかった。つまり、客が受け身になるんだろうと。そして、性感は性感マッサージに由来するのかなって、これまた何となく想像はできた。

と、いっても、俺、この時はまだSM未経験だったんだ。だから実際のイメージは見えてこなかったんだよな〜。ちなみに、この時点までに俺が体験していたのは店舗型・派遣型を含めてヘルス系サービスのお店。イメクラ、ソープランド、ニューハーフ風俗……そんなものかな？

なぜ、M性感が未体験だったかといえば、そもそもM性感というジャンルが俺の拠点である都内では馴染みのないものだったんだな。一説によれば、M性感というジャンルは関西（大阪）発祥で、そちらの方で発展してきたとのこと。その内容はというと……そこは俺の初めてのときの体験談を交えて紹介しよう。

初めてのM性感

約20年前のことゆえに記憶に曖昧なところがあるのは、御了承いただきたい。たしか、場所は渋谷か五反田だったと思う。いや、……現在、東京のM性感の聖地と言われているのが五反田なので、たぶん五反田だったと思う。いつも読んでいる風俗情報誌に気になるルックスのキャストさんが載っていたんだ。ジャンルにはM性感って書いてあってそれが何かよくわかっていなかったけど、そのキャストさんに会いたくてお店に電話してみた。

この当時の風俗業界の状況を補足しておくと、情報媒体として紙からウェブへの切り替わりの時期だったのかな。まだ紙媒体の方が優勢だったけれど、休刊になる情報誌が出てきたり、情報誌のページ数が激減して薄くなっていったころだ。全盛期には月に12冊の情報誌を買っていたのに、その半分位かな？　広告も少なくなってきて、掲載されるキャストさんも少なくなっていた。それゆえに、ゴージャスなランジェリーに身を包み、いかにもエロくてちょっと意地悪そうな笑みを浮かべる、そのキャストさんの美貌が俺のポ○チンレーダーをビンビンさせたんだ。

ホテルの部屋にやってきた彼女は写真通りの美女だった。ま、まだ、今ほど写真加工の技術がスゴいわけじゃなかったからね。だいたい、写真そのものなキャストさんに出会えたんだ。いい時代だったな〜という話はさておき。

風俗のプレイはたいてい、キャストさんとシャワーを浴びることから始まるんだけど、このM性感はなかった。

いや、正確にはあるにはあったけど、俺はバスタブの中に立たされ、キャストさんに身体を洗ってもらうのだけど、彼女は下着姿のままなんだ。ようは俺だけバスタブの中に立たされていたのは、彼女の下着が水しぶきで濡れないようにするための策であり、これが実に器用に自分が濡れないように洗ってくれるんだな。後に大阪で本場といわれるM性感を体験したけど、やはり、キャストさんは下着姿のままで身体を洗ってくれた。自分の衣類を濡らさずに……こういうところが〝プロ〟なんだな、きっと。

さて、俺のM性感初体験の話に戻る。キャストさんは、シャワーの最中から「もうこんなに大きくなっているの？」とか「まだ何もしていないのに、こんなにヌルヌルだなんてエロいにもほどがあるわ！」って感じで見下すような口調で囁《ささや》いてきた。そしてシャワーを終えると、ベッドに連行されるような形で連れていかれ、いきなり押し倒された。で、アイマスクで目隠しをされ、手枷《てかせ》で拘束された。何も見えなけりゃ、何をされるのかもわからない。その状況に異様にワクワクしてきた。

目隠しで視線は遮られているけど、唇が近付いてきたのはわかった。

よし、キスだ！　そう思い、俺も唇を突き出した！　すると……あれ？　ブチュっとならずに耳に息を吹きかけられた。これが予想外の攻撃でゾクゾクしちゃってな！　さらに乳首周辺をジックリ舐められるんだけど、肝心のポ○チンに彼女の舌先は到達しない。かなりジラしにジラされたところでアイマスクを外されるんだけど、彼女はまだランジェリー姿のままだ。

手枷を外され、キャストさんが迫ってきたのでキスをしようとしたらスカされて、ランジェリー越しのバストタッチも「ダ・メ・よ！」と触らせてくれない。実はM性感って、お店にもよるけど、基本的にキスはなし、キャストさんは脱がない、触らせないというジャンルなんだな。とくに本場とされる大阪では、この点が徹底されている気がする。そして、東にくるほど、つまり、関東とかでは店によっては曖昧で全裸になったり、キスもOKなんて店もある。

手コキの奥深さに感動する

さて、このM性感の特徴は何よりもフェラチオがないことだ。

おフェラこそ風俗の醍醐味だと疑わなかった俺にとっては「え？」という言葉しか出てこなかった。ぶっちゃけ、心の中では「フェラがないだなんて風俗じゃね～よ！」と悪態をつくのに近い勢いで叫んでいたな。だから俺はそのキャストに言ってやったね！

「き、気持ちいいです～っ！　も～イキそうっす！」

これが本音だった。

フェラなしの文句を言ってやろうと思ったけど、文句なしに気持ちよかった。とくに、「そろそろフィニッシュね」と言われて、ポ○チンにタップリとローションを垂らされてシコシコと手でシゴかれたときといったら……。驚いたのが、手の握り方によっては口でされるよりも、〝おマ○コ感〟があるということだった。手でされているというのに、目を閉じれば本当にインサートしているみたいだった。

それを激しくシコシコされたと思えば、いきなり手を止められ、寸止め状態にされる。その繰り返しに俺の頭の中は真っ白になって、快感の限界を超えて彼女の手の中で果ててしまった。

これが……実に気持ちいいっていうか、『気持ちいい』という言葉の範疇を突き抜けた快感があった。キスもしていないのに？　キャストさんの裸も見ていないのに？　そして……おフェラもされてねぇじゃねえかよ、俺！　いったい、どうなってるんだ！　思わずそう取り乱すほどの快感体験だったんだ。

これが俺の手コキ初体験談だ。結局、団子バブルの後で金があったこともあり、俺、このM性感店に100回は通った。そのお店はもうないのだけど、なぜか、当時の店長さんとは今でも連絡を取り合うというワケのわからない仲だったりする。

それから俺は次第にヘルス系のサービスのお店から手コキ系サービスの風俗店で遊ぶようになっていった。キャストさんは（基本的に）脱がないので、おマ○コは遠のいていった。でも、おマ○コを感じることはできたんだ、キャストさんのパンティ越しに。どういうことか？　M性感でキャストさんが俺の顔面に座ってグイグイとアソコを押し付けてくる〝顔面騎乗〟というものを覚えた。今となっては顔面騎乗と手コキがセットという感じにすらなっているよね。

この手コキ初体験の時期は、まだヘルスとかの他の風俗と併用していたのだけど、次第に手コキ風俗の比率が高くなっていき、今では手コキ風俗しか行かなくなった。

いや、正確に言うと〝手コキフィニッシュ率100パーセント〟だ。

なぜならば、デリヘルとかの他ジャンルの風俗店に行ってもキャストさんにキスもさせなければフェラもさせないからな！　威張って書くことではないかもしれないけど、舐めさせたとしても乳首とかポ○チン以外のところ。フィニッシュは絶対に手コキだ。

ヒクソン☆高田流の各種風俗の遊び方

と、いうことで、ここからは風俗のさまざまなジャンルの遊び方を俺の経験を踏まえて紹介していこう。ただし、ジャンルによって俺の経験値だったり、思い入れによってバラつきがあるのは御愛嬌ってことで了承いただきたい！

オナクラ

本などで風俗のジャンルを紹介する際に、まず、ポピュラーなヘルス（デリバリー・店舗型含む）や風俗の王道っていわれるソープランドから扱うのがオーソドックスなんだろうけどさ。やっぱ、ヒクソン☆高田の本ってことは『手コキ風俗各種』から紹介するべきなんじゃないの？　っていうか、それが書きやすいので、そうするぞ。

一口に『手コキ風俗』といっても、いろいろある。

まず、一般的にポピュラーなのは『オナクラ』じゃないかな。

これはオナニークラブの略語なのだけど、もともとは男（客）がシコシコと自慰行為をしているところをキャストさんが見ているだけの内容だったんだ。都内では15、6年前から増えてきたような気がする。ちなみに黎明期のオナクラは素人系タイプのキャストさんが私服姿でやってきた。そんな女の子に見つめられながらオナニーをするだけだから、早いと20分程度でプレイが終了してしまったものだ。

でも、短時間ということはプレイ料金も安いということで、それが特徴になって、ウケたのだと思う。安いところだと15分で2000円とかあったしな。ただ、一個、問題があった。15分で2000円でも基本的に派遣型なので、それまでだったらラブホテルを利用しなくてはならなかった。都内だとラブホの利用料金は安くて90分で4000円くらいかな？　つまり、プレイ料金よりも高いんだよ！

そこで増えていったのが安価で場所を提供する「レンタルルーム」と呼ばれるスペースだ。ここを使えばトータルで4、5000円で済むし、サクッとヌケるから『ライト風俗』なんてジャンルが生まれた。オナクラはその立役者ともいえる。

このように男のオナニーをサポートするからオナニークラブ、つまり、オナクラと呼ばれるようになったけど、サポート……、つまり手を添えるというオプションが登場するようになった。これが現在のオナクラの主流ともいえるサービスとなり、手でフィニッシュに導いてくれるから〝手コキ風俗〟の代名詞的存在になった……のだと思う。現在はオプションはさらに豊富になっていて、ランジェリー姿や、なかにはトップレス対応ができるコもいて、美乳・巨乳も拝めるようになって実にありがたい限りだね、これは！

このオナクラはほかに何を生んだのか？

それは素人系のキュートなキャストさんだよ！　最初は男の自慰行為を見るだけの、つまり「脱がない、舐めない、触らない」というお仕事内容だったから、あらゆるタイプの女の子がバイト感覚のライトな感じで風俗業界に参入してきたんだな。とくに現役の女子大生が増えたりして、かわいい子が増えたんだ。あくまでもヒクソン☆高田目線でのことだけどな。

ただ、素人系の女のコが多いゆえに、公式サイトのプロフィール欄などで顔出しをしないことが多くなったのは注意すべき点でもある。それはキャストさんが素人系ゆえに身バレしないための策であると十分に理解しているけどね。修整写真だったら、なんとなく元の顔を想像できるけど、ボカシだとな〜……ってことになる。それでも、ヒクソン☆高田方程式としてオナクラにおけるボカシ率は素人美女系率の高さと正比例しているという答えが導かれたのでオススメしたい。

また、オススメポイントで、これは「なぜ、俺が手コキにこだわるのか？」とつながることなんだけど、口でのフィニッシュではないので性病のリスクがダントツに少ないってことだ。40代に突入すると免疫力が下がるし、やっぱ病気は恐いしね。噂によれば、年を取るほどになかなか治らないらしいよ、性病って（ちなみに俺は一度もなったことがない。これもカリスマ風俗客、風俗バカとしてのプライドだ！）。それが手コキ風俗に傾倒していった理由でもある。あとは密着感もハンパじゃないし、俺にはいいことずくめ……それがオナクラの魅力なんだよな〜。

風俗エステ

風俗エステは、現在の俺の主戦場ともいえるジャンルだね。

まず、エステっていうと、痩身や肌の調子を整えたり、脱毛することが目的のアレを思い浮かべる人も多いと思う。事実、俺も初めて風俗情報誌で〝エステ〟の文字を見たときには「なんで風俗雑誌にエステの広告が載っているんだ？　もしかしてダイエットプレイ？」なんて思ったものだからね。

さて、この風俗エステの話に入る前に、巷には『メンズエステ』なんてものがある。その説明をしておこう。意味はふたつあって、ひとつは文字通り痩身などを目的にした美容系のものだ。

そして、もうひとつはマッサージ業種のひとつで、客は紙パンツをはかされて、施術する女性はエステ系の制服を着てオイルとかを使ってマッサージ〝だけ〟をするものだ。しかし、さまざまなポジションで〝鼠径部《そけいぶ》〟をマッサージしてくれるんだけど……これが時に予期せぬ個所、つまり、〝そのもの〟に手が触れてしまうこともあるんだな。そして、その刺激で〝誤爆〟してしまうこともある。もちろん、あってはならないことなのだけど。これをメンズエステ、もしくは非ヌキエステと呼んで、最近、デリヘルよりも多いんじゃねえかってほど店舗数が増えているんだ。まぁ、風俗ではないから営業しやすいんだろうね。

そんな鼠径部を含めて、あらゆる個所をマッサージして、最終的に射精へと導いてくれるのが『風俗エステ』と呼ばれるジャンルだ。サービス内容としてはヌキなしのメンズエステにオナクラのサービスを融合させたプレイだといえば、イメージしやすいかな？

風俗エステは、最初は非ヌキエステと同じくマッサージから始まることが多い。で、キャストさんというよりも、施術をするんでセラピストさんって呼ぶことが多いのかな？　そんなセラピストさんからのマッサージを受けるのだけど、非ヌキエステと違って思う存分、ポ○チンを勃たせても恥ずかしくないのがありがたい！

もちろん、セラピストさんも最終的にはヌクことが目的だからガンガンと鼠径部周辺を攻めてくる。しかし、イキそうになると手を止めて……の繰り返しだ。そう、俺が手コキフィニッシュを初体験したM性感と同じ流れだ。そこにマッサージが加わるからリラクゼーション効果もあって、肉体的にはもちろんだけど、ストレスとかの精神的な疲れもフッ飛ぶってワケだ。

だから、風俗未経験者で「仕事で疲れている……」って人には、まず、この風俗エステからスタートすることをお勧めする。それで物足りなかったらフェラとかがあるヘルス系のお店を利用すればいいわけだし、最近では、風俗エステとヘルスサービスの両方を融合させたハイブリッドな風俗店もあるしな！

しかし、ひとつ、気を付けたいことがある。それは、風俗エステの醍醐味は「リラクゼーションしながらの発射」であるから（あくまでも俺の中で、だけどな）、マッサージの技術の善し悪しが満足度に響くんだよ。だから、ルックスの好みももちろんだけど、初めて遊ぶ時は「マッサージテクニック重視で」と伝えたほうが、その〝奥義〟をより実感できることかと思う。

そして、個人的にはオナクラ同様にフェラなどによる粘膜接触がないので、安心して遊べることも高ポイントだな。「安心して遊べる＝安心して働ける」ってことで、風俗エステのセラピストさんって良いコが多い気がする。その点も、俺が風俗エステにハマっている理由のひとつかな。

ヘルス（店舗型、デリヘル、イメクラ）

『ヘルス』……『ファッションヘルス』をはじめとして、『デリバリーヘルス（デリヘル）』、『ホテルヘルス（ホテヘル）』などがあるけど、それらの違いは後述するとして、サービス内容はキスや全身リップ、そしてフェラか素股でフィニッシュといった流れが主流なんだけど……。

　まず、『ファッションヘルス』から説明しよう。一言でいってしまえば、店舗型のヘルスだ。俺が風俗遊びを始めたころは、このファッションヘルスが主流という か王道だった。俺と同世代だったら、このファッションヘルスで風俗デビュー！　そんなユーザーさんは多いのではないだろうか？　当時は風俗の基本といってもいいほど、ポピュラーなジャンルだった。

　まず、店舗型ということで料金を払うフロントと、待合室がある。

　この待合室が実に味わい深い！　いろいろな人間模様が見られるんだよ。「コイツ、いかにもギャンブルに勝って遊びにきたな……」って感じで浮かれているオッサン。5月ごろには、おそらく初給料を握りしめて遊びにきたと思われる「俺、こういう店、初めてです！」といった感じの若者。「御大、本当に勃つんですか？」っていうような70代後半（80代？）と思われる老人とか、いろいろな人がいたんだ。

　そういう人たちを観察するのが、まず第一の醍醐味っていうのかな。ただ、これは後で書くソープランドもそうなんだけど、年々と待合室にいる人が……。最近では風俗業界、いろいろと大変だな～って思わせる場所になっているのは少し残念だけどな。

プレイについては最初に書いた通りの内容だけど、俺の中では〝彼女ともできること〟だけど〝彼女とはできそうでできない〟の応酬っていうのかな。日常に近い非日常を楽しめるからこそ、80年代から90年代にかけて初心者向けの風俗として流行ったんだと推測する。あとは数も多かったしね。それこそ商店街の中にポツンと存在する店もあったりして。マンションや雑居ビルの中にあるお店もあったな～。

しかし、それらの店が実は〝未許可店〟だったということを知るのは2004年のことだ。当時の石原慎太郎都知事が言い出した〝歌舞伎町の浄化作戦〟によって多くの未許可の店舗型風俗店が閉店に追い込まれたんだけどさ。未許可店だったなんて知らねえじゃん？　で、俺、今でもそうなんだけどパソコンがないし、当時のガラケーじゃネット環境も整っていないから、そういうニュースを知らずに実施された翌日に新宿の箱ヘルで遊ぼうとしたら、どこもかしこも『水道工事中』とか『ボイラー故障のため休みます』といった紙を貼り出した店ばかりで、「なんで?」って驚いたのを覚えている。

こんな感じで都内におけるファッションヘルス（店舗型風俗店）は、ある日、突然、激減した。だけど、風俗は負けていなかった。そう、比較的許可を取りやすい派遣型風俗店に転換していき、それを境に『デリバリーヘルス』、通称デリヘルが主流になったんだ。

箱ヘル店がデリヘルになって何が変わったか？　サービス内容自体は変わっていないかな。だから、あくまでもヒクソン☆高田の超個人的なこだわりだけど、まず、キャストさんの私服を見られるってことかな。おしゃれな服の女のコ（まぁ、ヒクソンコートファッションでおなじみの俺が服装のことを言うのもアレだけど）って、それに正比例してテクニックもあると思う。あとは、ホテル利用な！　俺、現在はホテルを利用する際にサービスタイムを目一杯使うようにしているんだけど、これが旅行気分を味わえるようになって実に楽しい！

そして、もう一つの派遣型の風俗が『ホテルヘルス』。通称ホテヘルだけど、これはプレイはホテルを利用するけど、料金支払いなどをする受付があって、そこには待合スペースがある店もある。つまり、俺が好きだった箱ヘルの待合室気分を今でも味わえるってわけだ、ホテヘルで。それが嬉しかったりするジャンルだ。

最後は『イメージクラブ』、通称イメクラについて触れておこう。

簡単に説明すると学校や病院といったシチュエーションがあって、それに沿った内容でプレイをしていくんだ。演劇要素を含んだプレイっていうのかな。キャストさんもそのシチュエーションに合った服（コスチューム）を着てな。服だけじゃない。俺が遊び始めたころの店舗型のイメクラはプレイルームの内装にもこだわっていて、本当の教室や病室みたいだった。そういえば、当時、有名なカメラマンが撮ったイメクラのプレイルームの写真集も出たっけなぁ～。

イメクラは例の浄化作戦で壊滅状態になった。その後、派遣型になって一応、〝イメージプレイ〟として面影は残ったけど、結局、コスチュームだけの再現なんだ。プレイするのはホテルの部屋だから個人的にはノリきれないっていうか。でも、非日常を味わいたいときには体験してみるのもいいかもしれない。

ソープランド

『ソープランド』か……風俗の王様とも言われるよね？　だから俺は敬意を表しま

して〝御《お》ソープ〟と呼ぶこともある。

プレイ内容は……まぁ、アレだよ、イロイロとボカシを入れなきゃいけない本音と建前で成り立っている灰色の世界だ。合理的にヘルスではできない〝究極のサービス〟（↑察してくれ！）を体験できるパラダイスでもある。最近も関東で一大勢力を築いていたソープランドグループのお店が摘発されたけど、その理由が「そういうことをする場所だって暗黙の了解なのに、なんで?」ってものだった。まぁ、これ以上、俺に書かせるなよ、御ソープのサービス内容については。頼んだよ、担当編集のGさん！

さて、風俗の王様、究極のサービスを受けることができるお店ということもあって、初心者や素人さんは「値段が高いのでは?」なんて思うのでは? まずは、ソープランドの値段について書く前に〝料金システム〟について触れなくちゃな。

たとえば、ソープランドのサイトで料金をチェックすると『入浴料金〇〇〇〇円（サービス料金別）』となっているところがある。ソープランドは名目上は特殊浴場ということで、お店側に、その浴場の〝施設を利用するための料金〟を支払うんだ。

そして、個室では担当するキャストさんがしてくれるサービスに対しての料金を支払うんだな。そのサービス料金がいくらかというのは明確にされないことが多いし、お店に問い合わせても昔は「おおよそですが」と前置きをされたりして、大体、入浴料金の2〜3倍って感じで言われたんだ。な？　こういうところに本音と建前が見え隠れしているっていうか。それでいて値段も高いってイメージがあれば、そりゃあ若者の御ソープ離れも起きるってもので。

しかし、最近では最初から総額表記の店も増えているし、40分で大1枚でおつりがくるような激安店も増えてきているみたいだね。

で、一度、ここで値段の話はおいておいて、ソープランドのサービスについて書こうと思う。ソープっていうとフィニッシュ云々ばかりが注目を集めるけど、中級店以上であれば付いてくるサービスが〝マットプレイ〟だ。泡だらけのボディで縦横無尽にコチラの身体を駆け巡る時の快感っていったら！　石鹸の泡の妙技こそがソープランドの醍醐味だっていえるだろう。あとは〝壺洗い〟とか〝くぐり椅子〟とか、ソープランドならではのテクニックは一度は体験してほしい。

だって、そんなことはたとえ彼女がいたとしても、やってもらえないでしょ？

これは俺の考えだけど、先ほど書いたイメクラはシチュエーションとしての非日常を楽しむジャンル、ソープはテクニックとしての非日常を楽しむ場所だって認識しているからね。

そして、もう一度、値段の話に戻そう。高級店となると2時間で総額10万円のお店とかはザラだ。それで、ソープ未経験者から「格安店、中級店、高級店……最初はどこで遊ぶべきか？」という質問をされることが多いんだけど、もちろん、自分の懐事情もあるだろう。だけど、許される状況であれば、高級店から体験してほしいんだな。なぜならば、醍醐味ともいえるソープランドならではのテクニックのすべてが味わえる確率が高いからだ。

格安店では時間の都合上、マットプレイはないと思ってもらったほうがいい。洗ってもらうのもヘルスのそれと変わらないし、あとはベッドで獣になるだけ、みたいなもんだ。だけど、高級店であればマットで1回、ベッドで1回、みたいな感じで楽しめるしな。あ、あと、高級店だと即尺もあってそのまま……ってことも可能だ。だから、俺は高級店を推すね！

ところで、「手コキ専門のオマエがソープに行ったことあるの？」って思っている読者さんもいるんだろうな～。フフフ……もちろん、あるさ。といっても、片手で足りるほどだけど。しかも、2時間で10万円オーバーの超高級店だぞ。それも、つい数年前の話だ。と、いうのは、俺が贔屓にしていた風俗エステのキャストさんがソープランド勤務に転身したんだ。俺はそのコにゾッコンだったから、遊びに行ったってわけ。いや〜、喜ばれたね。それで張り切ってくれたんだけど……俺、なんか、ダメだった。ソープのサービスで勃つことは勃った。しかし、イケないんだ！　結局、以前の店と同じように手コキでイカせていただいた。十数万円の手コキ……俺史上〝最高額の手コキ〟だったのは言うまでもない。

SM

ＳＭ……めちゃくちゃ簡単に説明するとＳ（責める方）とＭ（受ける方）の関係で成り立つプレイであり……なんて言葉で説明できるほど簡単なもんじゃない。ＳにもＭにも、それぞれポリシーやイズム、趣味趣向があって、それを追求する。とにかく奥が深くて、ゴールのない風俗って感じ……らしい。

先に謝っておく。〝らしい〟って書いたのは、俺、ＳＭ経験が少ないっていうか、この四半世紀でも2、3回くらいしかないんだよ。しかも、俺、Sになったことはないんだ。だって、お嬢を責めることなんてできないぜ？　お嬢には責められてこそ、ってのが俺のポリシーだからね。

つまり、俺がMになってSの女王様に責められたんだけど……初めてのSM体験は先ほど書いた手コキ初体験をしたM性感で遊んでから半月ほど後のことだった。

SMの存在自体は知っていた。風俗情報誌から得た知識によれば、客が受け身になった場合、女王様はキスもしないし、基本的に舐めない。当然、フェラは皆無だし、フィニッシュは手コキとのこと。

「そうか、SMって手コキ風俗と同じなんだ……」

そう思ったら興味が湧いてきて五反田の某SMクラブへ。なんなんだろう？　当たり前なんだけど、女王様は上から目線だし、威圧的で俺としては、う〜ん……みたいな。女王様とM客の間には絶対的な信頼感が必要だというのだけど、それを育むのは相当な時間が必要だと理解している。それを1回目でどうにかしようとした俺が悪かったのだと今はわかっているけど、女王様からの責めが心地よくなかったんだよね。あとは痛いことがあったのも俺的に集中できなかった理由かもしれない。

しかも、この時のフィニッシュが手コキではなくて、女王様が「アタシの前で、その粗チンを自分でシゴいて発射しな！」って言ってな。女王様はボンデージ姿でM字開脚をしてくれたんたけど、これじゃ、のぞき部屋と変わらないじゃねえかよ！　そんなフィニッシュだった。もちろん、どんなジャンルの風俗でも言えることだけど、相手との相性って大切なんだよな。それが如実に表れるのがSMってジャンルなんだなって感じたよ。

ただ、女王様からポ○チンにツバをはきかけられたことはカルチャーショックというかエポックメイキングなできごとだった。ちょっとクセになってしまい、1回目で懲りたハズなのに2、3回と足を運んでしまったのは、そんな理由がある。再びポ○チンにツバをかけてほしかったので、「女王様、お願いします！」と土下座をしたところ、「私に指図するだなんて百万年早いのよ！」と罵倒されてな。だから、百万年後に行ってやろうと思った次第（↑な、この時点で合っていないんだ）。

さらに、SMに行かなくなった理由は、その後、オナクラでポ○チンにツバをかけてもらえるオプションがあるってことを知ったからだ。こっちは相性バッチリだ！　女のコの口先からツバが垂れてくると「いよっ！　待ってました！」ってなるもんな～。

と、あくまでも俺の意見、経験談を書いてきたけど、もちろんＳＭでのプレイや痛みを伴うテクニックが自分の性癖にジャストフィットすることもあるだろう。女王様のボンデージ姿に興奮するのもアリだ。そして、俺にはできないけど、お嬢を責めて自分色に染めることもＳＭというジャンルの愉しみだと思う。もしかしたら、今までに体験したことのない快感に出会えるかもしれないから、気になったらチャレンジしてほしい。そして、俺にはない感性を持った風俗バカを目指してほしい！

その他の風俗について

さて、ここからは、これまで取り上げていないジャンルの風俗をサクサクっと、いくつか紹介してみよう。

・Ｍ性感

まずは『Ｍ性感』から。成り立ちとか内容については俺の手コキ初体験の個所で書いたから端折《はしお》るな。だから魅力を書くとすると、一言でいえばズバリ、すべてにおいて〝オナクラ以上SM未満〟ということだ。これはオナクラがM性感よりもどうのこうのではなく、M性感がSM（ここではお客さんが責められる場合のみを述べる）よりもどうのこうの、ではない。

まず、3つに共通するのはフィニッシュが手コキということだ。それでは何が違うのかといえば、まずはキャストさんのタイプが違う。オナクラはタイプ的には素人系という感じで、SMの場合は女王様がやってくる。そして、M性感の場合は……あくまで俺個人の感想だけど、雰囲気的にはプロっぽさはないけれど、エロいオーラは放っていることが多い！　ビッチ感の中にわずかな清楚さがあったり、可憐さの中に意地悪っぽい雰囲気が漂っていたりすることが多い。つまり、痴女系のキャストさんにイタズラをされることがM性感の醍醐味なんだよ（あくまでも、俺的に、だからね）！　価格的にはオナクラよりも高いけど、SMよりは格安ってところもオナクラ以上SM未満って表現する理由だね。

あと、言葉責めに関しても〝ちょうどいい〟っていうのがM性感だ。オナクラの場合、素人系キャストさんが多いので、時折、エロい言葉を発するのに戸惑っちゃうことがあるんだ。ま、そこが魅力的なんだけどさ。それで、SMの個所でも書いたけど、女王様の場合、言葉責めっていうか、口調がキツく感じたり、罵倒される感じがして馴染めないことも多い（これはプレイ前のカウンセリングで回避は可能だけどな）。M性感の場合は〝くすぐる感じのエロい言葉〟とでもいえばいいかな？耳元で囁かれたらゾクゾクしちゃうような言葉責めが、俺は好きだ！

あと、言葉が響くのは序盤に目隠しをされることも関係しているのかな？というのも、目隠しをされるイコール視覚を遮られるってことが感度を高めているのだと思う。それは言葉責めを受ける聴覚だけではなく、すべての感覚が高まっている感じがするんだ。研ぎ澄まされているといってもいいかもしれない。だからさ、（俺にはないけど）プライベートでパートナーとのエッチに飽きたら、目隠しをしたらいいんじゃねえか？そう思うほど、M性感において目隠しという行為は重要なんだな、俺にとって。

・ピンクサロン

続いては『ピンクサロン』、通称ピンサロだ。実はこれを風俗店と言い切るのは微妙だったりするんだな。まず、風営法で店舗型風俗店が淘汰されていった中で、なぜ、ピンサロは今でも多く残っているのか？　それこそ風俗街ではないエリアの商店街でもあったりするじゃん、ピンサロって。俺は詳しくは分からないけど、どうやら飲食店として届けを出せるらしいんだ、あの業種は。

それはさておき、サービス内容は基本的にボックスシートが設置されていて、そこに通される。暗い店内には大音量で音楽が流れていることが多いかな。それで飲食店ってことなんだろうな、一応の飲み物が出てきたら女性がきて、おもむろにズボンとパンツを下ろされてジュポジュポと……という流れだ。で、お店によっては時間内で2回転、3回転、つまり、女性が入れ替わり立ち替わりって感じで変わって口によるサービスをしてくれることもある。これで、30分で4000円とか、お店によってはそれ以下の価格のところもある。だからコストパフォーマンスはスゴイと思うよ。俺はここ十数年は行っていないけど、風俗通いを始めた若い時は何度もお世話になった。

だけど……まず、シャワーがないんだよね、風営法上の関係で。で、ポ○チンをどうやってキレイにするかっていうと、おしぼりで拭き拭きするだけだ。この時点で神経質な人だったらアウトだろうな〜。どちらかといえば、俺もね……。やっぱり、ヘルスでキャストさんに身体を洗ってもらう楽しさを知ったり、快適さを覚えちゃうと、どうしてもな〜。そんな感じだ。

しかし、このおしぼりでポ○チンを拭く際に上手にシェイクしてくる女性もいるんだよ！　つまり、布越しの手コキを楽しめる可能性もあって、俺のオススメポイントだ。まぁまぁ、そんなチャンスはそんなになかったりするけど（↑どっちだよ！）。フェラだけをサクッとやられたかったり、コストパフォーマンスを追求するユーザーさんにとってはピンサロって最適なジャンルなんじゃないの？　また、最近ではコンセプトカフェの如く、コンセプトを決めたピンサロも増えていて、イメクラっぽい楽しみ方ができるそうだ。俺も久々にイッてみようかな。

・ニューハーフ風俗

かつては風俗業界の中でもキワモノ扱いされていたけど、ここ最近の女装子《じょそこ》・男の娘ブームで注目を集めているのが『ニューハーフ（女装子）風俗』だ。キャストさんがニューハーフだったり、女装した男性だったりする風俗だけど……やっぱり、ハードルが高いと思うよ、正直なところ。俺自身、1回だけ利用したことがあるけど、四半世紀にわたる風俗ライフで、たった1回だけだもんな～。頻度としては超低いだろ。

さて、ニューハーフさんや女装子ちゃんを相手に何をするのだろうか？　ニューハーフ風俗、つまり、ニューハーフヘルスやニューハーフソープだったりするわけで、女性が相手をしてくれる風俗店とサービス内容は同じだ。俺の場合、ニューハーフヘルスを利用したのだけど、まず、シャワーを浴びる。ここで、まず、相手がニューハーフさんだと実感する。そう、顔は化粧とかして女性に近いし、バストも〝入れて〟あるから巨乳ちゃんもいる。ただ、下半身が……俺と同じだ。いや、俺よりも立派だったよ……。ちなみに調べてみたら、俺と同じじゃない場合もいるそうだ。たとえば、ポ○チンとタマタマが付いている、つまり、何もイジってない場合は『アリアリ』。ポ○チンはあるけどタマタマは抜いている状態を『アリナシ』。そして、両方とも取って整形済みの場合は『ナシナシ』と表記するそうだ。

俺はフェラでイッたのだけど（その当時はまだフェラフィニッシュも受け入れていた）、今となって思い返してみると、ニューハーフ風俗だからこその手コキ体験があった。それはお互いに正面で向き合い、まずは向こうが俺のポ○チンをシゴいてきた。少し時間が経つと自分のポ○チンを俺のポ○チンに添えるように合わせてきた。そして、そこにローションを垂らしてシコシコとシゴき始めたんだから驚いたね！『兜合わせ』っていうらしいんだけど、考えようによっちゃあ手コキの一種じゃん？　で、シコシコしてもらっているうちに先方のポ○チンがムクムクしちゃって、それがわかるわけだ。なんともいえない感触だったな〜。

しかし、俺が伝えられるのはここまで。この先は今回、この本の構成を担当した風俗ライターの亦滑氏に教えてもらったことだ。彼によれば、ニューハーフ風俗の醍醐味は〝逆プレイ〟にあるんだって。どういうことかといえば、逆フェラや逆AFといった感じで、相手のポ○チンを愉しむということらしい。そこにはこれ以上にない非日常が広がるとか。う〜ん……俺にはちょっと想像できないなぁ。ただ、興味があるのであればアタックしてみるのはアリだと思うジャンルだ。

そうそう、ニューハーフ風俗っていえばさ、二十数年前って、どこもかしこもお決まりのように90分で大2小5という価格設定だったんだけど、あれはなんだったんだろうね？　調べてみたら、今はイロイロなコースと価格設定になっているようだ。また、これはちょっとグレーゾーンな話なんだけど、ニューハーフ・女装子は男ってことで、風営法や条例をかいくぐれるってことで、新規でハコ店がオープンする現象もあるんだよな～。う～ん、深い！

・アジアンデリヘル

一時期、都内どころか日本の風俗業界を席巻した『アジアンデリヘル』も忘れちゃいけない。

どんなジャンルかっていえば、中国や韓国の女性がキャストさんとしてサービスを提供してくれるデリヘル……というのが簡単な説明になるんだろうなぁ。ただ、その……フィニッシュが……究極っていうか、ここはお茶を濁すか。まぁ、濃厚過ぎるサービスが当たり前だったので、2000年代初頭に出現して一気に業界の主流になった時期もある。だって、風俗情報誌の広告の7割がアジアンデリヘルのものだったこともあるんだぜ？　それほど需要があったたってことだ。

このアジアンデリヘルの醍醐味は、これは良い意味ではないのだけどプロフィール写真とは別人のような女性がやってくることだった。いや、別人ではないな。本人なのだけど、写真の加工がスゴイんだよ！　肌は陶器のようにツルツルな感じだし、目も少女漫画よりもパッチリしてるし、ウエストなんて「50センチないんじゃね？」ってほどにキュッとしているんだから会ってみたいじゃん？　初めて広告を見た時、俺、マジでそう思ったよ。で、実際に会ってみると……（苦笑）って文字を100回書いても足りなかったぜ。

そんな、かつて隆盛を誇ったアジアンデリヘルだけど、2015年くらいから少なくなってきた気がするのは俺の気のせいかな？　たとえば鶯谷がアジアンデリヘルの聖地って言われていた時期があって、そのころは駅の北口周辺なんて日本語よりも中国語や韓国語が飛び交っていたくらいだったけど、2020年の今では元の熟女・人妻風俗天国に戻ったからね。今回の新型コロナウイルス騒動で、新規キャストさんの来日は難しくなるだろうし、近い将来、ほぼ壊滅状態になるんじゃないかな？　もしかしたら、数年後には懐かしの風俗になってしまうのかもしれない。

・洗体エステ

最後は俺の大好きな（風俗）エステの流れから派生した『洗体エステ』の紹介だ。

これは泡を使って身体を洗いながら全身をもみほぐすようなマッサージをしてくれるサービスなんだけど、メンズエステと風俗エステの関係のように純粋にマッサージのみをする、つまり、非ヌキの店と、ガッツリと手コキをしてくれるヌキ系の店がある。

ヌキ系の店に関していえば、風俗エステがオイルを使って手コキをしてくれるのに対して、洗体エステのフィニッシュは石鹸の泡で手コキをしてくれたんだ。ってことはだよ？　これって、ソープランドで手コキされているようなもんじゃねえか？（↑あくまでもヒクソン☆高田理論）

ちなみに、この洗体エステにも一時期、アジアン旋風が巻き起こり、中国系の人や韓国系のセラピストさんが多かった。個人的にはアジアン系の洗体エステにはアカスリのサービスを実施しているところが多かったのが嬉しかった。

そういえば、この洗体エステも、ここ数年、軒数が減っている気がする。洗体……つまり、体を洗うということは広い風呂場が必要だったから店舗型だと運営が難しいものがあったのかな。非ヌキの場合は比較的に店舗型が多かったけど、ヌキがあるとそれは無理なわけだ。ただ……やはり、非ヌキと称していても……という店も多かったけどね。でも、そういう店は結局は摘発されてしまうからね。そして、非ヌキとしてやっていたお店も設備を維持するのが大変だったのか、短命に終わるところが多いのも現実だ。ただ、いろいろな意味でスッキリできて俺は好きだったから残念でしかないんだけどね。

このようにザッとという感じでイロイロな風俗を紹介してきたけど、お気に入りを探すのは自分自身だ。その中で俺が到達したのが手コキ風俗であり、風俗エステが主戦場になったのは、いろいろ経験したからだと自負している。

自分の性癖なんて分からないものだし、少しでも興味を持ったら、まずはトライしてみることをオススメします！

【特別対談3】

手コキ風俗は地球に優しい？

——手コキ風俗のいまとこれからを語る

ヒクソン☆高田（風俗バカ）

×

さなさん（『マチルダとベロニカ』）

&『かりんとグループ』スタッフ

『かりんと』、『添い寝女子』、そして『マチルダとベロニカ』の3つのブランドを運営する、都内屈指の手コキ風俗店グループとしておなじみの『かりんとグループ』。もちろん、俺、ヒクソン☆高田も御用達！　なんといっても、レベルの高いキャストさんとおもしろい企画コースが最高なんです！

今回は同グループのトップキャスト〝さな〟さんと手コキ風俗について対談しちゃいました！　スタッフさんも乱入して手コキ風俗の未来について語ってもらったぞ！

■ユニークな企画の風俗店

ヒクソン☆高田（**以下ヒク**）：今日はよろしくお願いします！

さなさん（**以下さな**）：こちらこそ！　コー

さな[22歳 T160 B86(E) W58 H88]:『かりんと神田店』のトップランカーを経て『マチルダとベロニカ』に痴女タイプのベロニカとして所属。普段は事務系の仕事に従事。出勤日はさなさんのTwitter(@sana_beronika)で確認！

ト脱ぎます？

ヒク：いえ、これは〝ヒクソンコート〟と言いまして、もう12年ぐらい着ている、俺の制服なので大丈夫です！

さな：（呆れ笑い）

ヒク：実は自分、『かりんとグループ』さんの取材って、初めてじゃないんですよ。4、5年前に雑誌の仕事で、２人のキャストさんに顔面騎乗される「ダブル顔騎コース」を取材したことがあって……。

スタッフ・ニシヤマさん（以下ニシヤマ）：「ダブル顔騎」はオープン当初からあるコースのひとつで、いまは「かりんとコース」という名前になっています。『かりんと』はオープン当初から手コキ20分２５００円っていう安さがウリだったのですが、同時にお客様にちょっと変わった体験をしていただこうっていうコンセプトがあったんですよ。それで3Pとかダブル顔騎とかをやっていたんですね。

ヒク：そうだったんですね！　さなさんは『かりんと』時代は体験しています？

さな：してます！

ヒク：口にこう、ガムテープをされて……（笑）。

さな：あれ、拘束テープっていうヤツなんです、SM用の。お客様に拘束テープをつける目的は2つあって、まずはイタズラ防止ですね。うちのグループは女の子の下半身を攻めるのはNGなので。もうひとつの理由は、お客様を辱めるっていうコンセプト。若干M目な方だと、自分が拘束されているということに興奮を覚えるんです。

ヒク：なるほど〜。あとはカラオケを歌いながら手コキをされる、『手コキカラオケ』！　超印象に残っています！

さな：それは赤坂店のみの企画なので私は体験していないんですよ。

ニシヤマ：あれは赤坂店のスマッシュヒットですね！　BSのバラエティー番組でやっていた企画の、いってみればパクリなんですけど、僕らが最速でパクッて（笑）。一番再現度が高くて、一番おもしろいはずだっていう気持ちでやっていましたね。うちは、さなさんをはじめ、手コキのプロフェッショナルがいますので、まず手コキのクオリティは絶対だと。だから、カラオケの点数が90点以上出たら全額コース料金をキャッシュバックという内容で……。

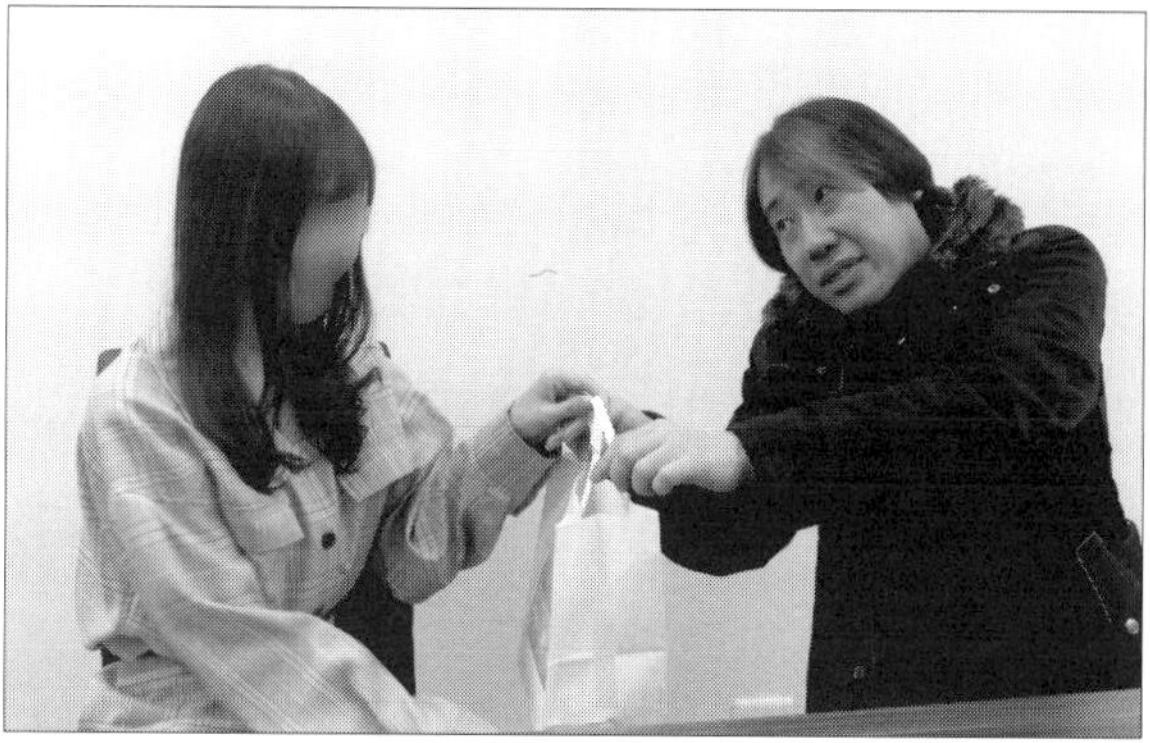

対談の前には、お手製の和菓子でご挨拶。さなさんも喜んでくれたぞ！

さな：キャッシュバックって出たんですか!?

ニシヤマ：10から15名くらいいらっしゃいましたね。一番最初の方はオペラ歌手でした。ちなみに『千の風になって』を歌われたそうです。

ヒク：マジですか？　ウソみたいにくだらない話ですね～（笑）。

■「童貞」の意味も知らなかった

ヒク：ところで、さなさん自身、最初に『かりんと』に入店して、オプションで気になったのはあります？

さな：ツバ吐きかけ！　私、唾液がけっこう出るので、それが強みになりまして。500円でお客様も頼みやすいし、イッパイ出るからお客様もハマっちゃう。「こんなに吐きかけられたことない」って。

ヒク：もちろん、それまでの人生で他人にツバをかけるなんて……。

さな：ないです、ないです！　だって、私、入店するまで性の知識が皆無だったんです。たとえば〝童貞〟って言葉は、男女問わずにエッチしたことがない人のことを指すのだと思っていて。だから自分も童貞だと……。で、処女は字面で〝やりまくる女〟かなって（笑）。

ヒク：え〜っ？　逆じゃないですか！（笑）

さな：経験済みを処女っていうのだと思っていたから、高校2年の修学旅行のときに、すごくオタクっぽいクラスメイトが「うちは処女だから」とか言っているのを聞いて、「ええ〜ほんとに!?　マジか！」ってドン引きしちゃったっていう……。

ヒク：じゃあ、『手コキ』なんて言葉は知らなくて当然ですよね〜。で、どこで知りました？

さな：4年前に『かりんと神田店』に入ったときですね。初めての接客は全部覚えています！　神田駅東口のレンタルルームで、お客様は大阪の方で部屋番号は702でした（笑）。

ヒク：お〜、すごい。

さな：女って初めてのことは覚えているものです（ニヤリ）。時間の短いコースに入って、事前に教えてもらっていた通りに、上下に手を動かして手コキをしたんです。でも、お客様は私が未経験だっていうことを分かっていたから、「こうすると気持ちがいいよ」って教えてくれて。そこからはお客様に育てていただきました！

ヒク：ちなみに男性の下半身を見たのは……。

「自分も童貞だと思ってた」、さなさんの衝撃発言にズッコケるヒクソン

さな：私、その時、まだ処女だったので初めてでした！ それで、その時、初めて精子って白いんだって……。それすら知りませんでした。

ヒク：マジっすか！ 中学校で性教育ってなかったですか？

さな：あったんですけど、頭の中で一致できなかった。たとえばアニメとかでも、結婚したら子どもができているじゃないですか。現実も結婚式を挙げたら、子どもができるのかなって。あまり深く考えていなかったですね。それよりも部活が優先っていう生活で。週6日部活やって、週1塾だったんで。休みはなくて。

ヒク：そんなお嬢様が手コキを……。実は手コキ風俗ってけっこう、お嬢様が多いんですよ。なんにも怖いことがないじゃないですか、脱がない、舐めない、触られないって。

さな：まさにそうですね！ 性病のリスクも超

少ないですし。

ヒク：それはユーザーにとってもそう！

■彼氏との初エッチで手コキが発動

ヒク：さなさんが手コキが楽しくなってきたのは？

さな：半年ぐらいからですかね。本指名のお客様が増えて、マニアックなプレイのリクエストも増えて。ビンタとかしたことなかったから……。

ヒク：ビンタもあるんでしたっけ？

さな：無料なんですけど、頼まれたときに「えっ、していいんだ？」って。でも、お客様の反応がいいから、楽しくなっちゃって。ふふふ。

ヒク：昔、ＪＫリフレでビンタが１０００円だったんです。なんで１０００円払ってビンタされるんだって……。

さな：それは全然Ｍじゃないのでは？

ヒク：いや、そこは５０００円だろうって……。

一同：（苦笑）

さな：（話に）乗っかって損した（笑）。

ヒク：ところで、自分も昼間は別の仕事をしていますけど、さなさんは周囲に風俗店で働いていることがバレたりとか……。

さな：それはないですね。それを醸し出さない。風俗嬢感を出さない。でも、服装で一回、風俗嬢っぽいねって言われたことはあります、友だちに。

ヒク：はっはっはっ……。

さな：ロングコートで、首元にファーがついていたんですよ。それでハイヒールも履いていたからなおさら（笑）。

ヒク：彼氏とのエッチでバレそうになりません？

さな：実は……私、ロストバージン未遂になったんですよ。いよいよエッチだぞって時に彼とイチャイチャしていて手コキしたらドピュッって（苦笑）。

ヒク：ちなみに相手は童貞だったんですか？

さな：私で４人目って言っていましたね。でも、そういえば、手で出しちゃった後、「うまいね」って言っていた……。

ヒク：「うまいね」って言うことは、その彼氏は絶対手コキ風俗に行っていますよ！　だって普通はされないでしょ、手コキって。絶対比較しているよね？

さな：もしかしたら、今までの彼女と比べて、かもしれないし……（苦笑）。

ヒク：いや、素人の女のコはしないと思うけど……（ニヤニヤ）。

■手コキのすばらしさとは？

ヒク：ところで、さなさんにとって手コキの楽しさは？

さな：う～ん、反応かな。お客様の。いいところを擦れると、可愛いオスの反応が返ってくるから（ニヤリ）。ヒクさんは？

ヒク：手コキは誰も傷つけないっていうことと、手コキは地球に優しいところ。

さな：地球に優しい？　どういうことですか？　その心は？

ヒク：え～と……、手コキはそうだな、正義……。

一同：（苦笑）

ヒク：（ちょっとやけになって）いいことしかないんですよ、手コキって。そうだ、気になっていることがあるんですけど、やはり、巨根のお客さんっています？

さな：います！　ペットボトルサイズの人が！　でも、大きいと手コキが難しくなりますね。上下運動ができないんですよ……。

ヒク：すげぇな……（少し羨望の眼差し）。さて、終盤になってきましたけど、現在、さなさんが在籍されている『マチルダとべロニカ』って、どんなお店ですか？

さな：一言で表せば〝オナクラとデリヘルのハイブリッド店〟ですね。両方のいいところどりをしたお店で、そこにM性感の要素もプラスされています。

ヒク：ああ〜、それ最強ですね。

さな：それで「べロニカ」と「マチルダ」という女のコのタイプがあって、「べロニカ」は、ドSっていうか、責めるのが好きなお姉さま。「マチルダ」は悪戯好きの小悪魔タイプで、それぞれプレイでやることは違います。私は「べロニカ」で、言葉責めと手コキを組み合わせたサービスが得意です。

ヒク：想像しただけで、もうカウパーが出てきちゃったよ！　でも、今、こうやって話していても、そういう雰囲気がないというか、無垢なお嬢様というか……。〝キャスト・さな〟になるスイッチみたいなのってあるんですか？

さな：今の『マチルダとべロニカ』では扉を開けた瞬間ですかね。扉を開けてお客様とお会いしたら、「私はべロニカだ！」みたいにスイッチが入っちゃいます。経験ですかね、ふふふ。でも、2年前の自分だったら、アソコを見るまでは入らなかったかもしれない、スイッチ。

ヒク：ボクがお客さんで入ったら？

さな：玄関で犯しちゃおうかなって思います。壁に押さえつけて、ガンって感じで……。何回かきてくださっているお客様だと、「この方はこういうのが好きだったから、やってみよう！」って思いますし、初めての人だったら顔を見て「この人はこういうのが好きそうだな……」っていうのをやってみたり……。

ヒク：俺、明日から3連休だったな……（ブツブツ）。

さな：秋葉原でお待ちしています（笑）。

■手コキのよさを広めていきたい

ヒク：『かりんと』グループの今後の展望を教えてください。

さな：それはスタッフさんに語ってもらいましょうか。

スタッフ・清家（**以下清家**）：〝体感サロン〟の『マチルダとベロニカ』では、VRを導入したプレイがスタートします！　大枠はある程度固まったんで、あとはアートワーク。うちはアートワークにはこだわるんですよ。それが完成したらやります！　準備はできているので！

さな：すごいプレイになりそうなので、今から楽しみにしているんですよ！

清家：グループにはいま『かりんと』『添い寝女子』『マチルダとベロニカ』の3ブランドがありますが、それぞれ特色があります。『かりんと』はファストフードのように、速くて安くてうまいっていう、1時間の昼休憩でもいけちゃうような感じ。『添い寝女子』は、コンセプトがあるイチャイチャ系のエステとしてオナクラに幅を持たせる存在。そして、さなさんが在籍する

スタッフの清家さん（左）とニシヤマさん（右）もありがとうございました

『マチルダとベロニカ』は、価格・サービスともに、目指したのは手コキの最高到達点です。今、風俗業界はどんどんエロい方に行く流れと、エンターテインメントに行く流れに二分されていますが、『かりんとグループ』は間違いなく後者のエンターテインメント路線ですね。

さな：「ダブル顔騎」もそうですし、「手コキカラオケ」なんてまさにエンタメですよね。

ニシヤマ：あとは手コキのよさがもう少し世間に広まったらいいなと思いますね。手コキのいいところは、成長があるというところなんです。普通のヘルスだったりすると、やっぱり可愛くてスタイルがいいという点が突出ポイントになりますよね。でも、手コキはそれだけじゃなく、キャストさんのテクニックの成長やサービスや企画のおもしろさも評価してもらえる。そういう意味でも『マチルダとベロニカ』は、手コキの最高峰に近いお店だと思いますね。

さな：うんうん、そう思います！　本当は、一番非日常が味わえるのは手コキなんだなってことも伝えていきたいですね！

ニシヤマ：その入り口として『かりんと』ブランドのお店があればいいかなと。

ヒク：さなさんは……当然いつかは卒業するでしょうけど、生涯、手コキですか？

さな：もちろんです！

ヒク：さなさんみたいなアイドルっぽいキャストさんは、握手会みたいに手コキ会をやればいいですよ。並んでいる間にみんな自分でイキそうなところまで持っていって、順番に手コイてもらってイクっていう。

さな：（半笑い）

ヒク：呆れた笑いで終わられても困るので、今後の抱負で締めましょうか！

さな：そうですね～、お客様のお兄様たちに素敵な反応をしていただくために、これからも手コキの技術に磨きをかけていきます。当店、当グループならではのサービスにご期待ください！

取材協力：かりんとグループ
「かりんと」「添い寝女子」「マチルダとベロニカ」で検索！

【第六章】ヒクソン☆高田流「風俗の愉しみ方」

風俗客は職人である

いきなりちょっと強引なことを書くけど風俗で遊ぶことって、職人の世界に似ているな〜って、和菓子職人の俺は思うんだ。

たとえばさ、俺、職場では一番下っ端なんだよ。50歳目前にしてだぜ？　俺の場合、高校を卒業してスグに今の和菓子屋に入社したからキャリアは30年以上。他の職業だったらベテランって呼ばれているし、それなりの役職にもついているだろう。だけど、一番、下っ端というね。理由は会社の事情になるけど、なりたいと思う若者が少ないっていうか皆無なんだよね。

この状況を客として関わっている風俗業界に置き換えてみよう。今は基本的にデリバリー式の手コキ店専門の俺だけど、時折、受付がある派遣型のお店、つまり、ホテヘル式の手コキ店を使うことがある。受付はスタッフさんが一人で切り盛りする、いわゆるワンオペ状態なので、待合室に通されることがある。で、そこに先客が何人かいることがあるけど、そこでも俺が一番、若かったりする。やっぱり、若者の風俗離れなんだろうね。まあ、それはいまに始まったことじゃなく、十数年前、いわゆる普通のファッションヘルスを使っていたときから、「俺が一番年下か？」という待合室の現象は起きていたけどさ。

本書の読者層はおそらく、風俗経験値が高い人ばかりだと思うんだ（じゃねえとヒクソン☆高田を知らねえだろ！）。でも、なかには風俗ビギナーも風俗未経験な読者さんもいるって信じている。風俗でまだ遊んだことがないって人は「風俗っておもしろいの？」という疑問を抱いていると思うんだ。もちろん、おもしれぇんだよ！　で、それを伝えるのも本書の役目じゃないかって思ったので、本章ではヒクソン☆高田流の風俗の楽しみ方を伝授したいと思う。

〝チン店名〟を愛でるべし

風俗のどこを楽しめばいいのか？

そりゃあ、すべてですよ……と、したり顔でいたら担当編集者に「答えになっていない！」と一蹴された。それで「ヒクさんは風俗で遊び始めたころ、どこにおもしろさを感じましたか?」と聞かれて、そういえば……と思い出したことがある。

まず、フードルの可愛さに興味を持って総ナメしようと思い、舐めるどころか舐められたのは何度も書いたが、それが店選びの基準のひとつになっていた。と、同時に俺が当時、「遊ぼう!」と思う店の基準に〝店名〟があった。

1990年代から2000年代前半は、「くっだらねぇ〜よ!」と思わず笑ってしまうようなネーミングの風俗店が多かったんだよ。その中には今だったら絶対にアウトだし、訴えられるだろうっていうような店名もたくさんあった。でも、その店名のウラに、風俗に賭けるオーナーやスタッフの意気込みなんかが感じられて、俺は好きだったんだよな。せっかくだから、俺の記憶に残っているおもしろネーミングの風俗店を挙げてみよう。

ヒクソン☆高田選・おもしろネーミング風俗店ベスト15

・『**レッグレッグこんにちは**』
たぶん、脚フェチのためのお店だったと思う。元ネタは当時オンエアされていたワイドショーの番組名で、たしか光沢パンストとかパンスト破りのオプションがあったと思う。

・『マンピーのCスポット』

元ネタはサザンオールスターズの曲名（だよな?）。どこにあってどんな店だったか忘れたけど、元ネタの曲自体が下ネタだったから、そこにインスパイアされたのでは?

・『嵐のマットマン』

これもヒット曲を元ネタにしたオマージュ店名だ。とんねるずの10枚目のシングルタイトルをモジったものだけど、80年代後期の曲だったからピンとこなかった記憶が……。

・『マニアの純真』

これはパフィーの曲のタイトルからきているんだけど。〝マニア〟って店名に付いているからには、かなりディープなプレイを楽しめたのかな？　当時の俺には怖くて無理でした。

・『ごっつぇぇ感じ』

90年代にオンエアされていたダウンタウンのバラエティ番組のパクリ……っていうか、まんまじゃん！　って思ったら、本家は〝ええ〟で、こっちは〝えぇ〟だった……。

・『3年B組チン発先生』

わかりやすいなぁ〜（笑）。学園ドラマの王道も風俗店になると、こんなネーミングになっちゃうんだよ。もちろん、学園系イメクラ。俺、何度かイッてるよ。

・『亀頭戦士ガン舐め』

いや〜、俺世代にはタマらないね、この店名は。フェラにこだわった店だと記憶している。フィニッシュ時は「ヒクソン、イキま〜す！」って発射するのがツウってもんだ。

・『痴漢車トーマス』

未許可ながらも店舗型イメクラが多かったころは痴漢プレイを楽しめる店が山のようにあった。店名は子ども向けでもプレイ内容は大人向けだったよ（当たり前だろっ！）。

・『珍田一性年の痴件簿』

どういう内容のプレイだったっけ？　覚えていないけど、今だったら〝謎解きプレイ〟とかいって営業したら、そこそこウケるのでは？　そんなことを想像するのも楽しみの一つ。

・『きらめきメモリアル』

エロい店名じゃないんだけど、当時、大人気だった美少女系ＲＰＧのパクリ。学園系プレイを、そのゲームのキャラのコスチュームを着たキャストさんと楽しめた名店！

・**『夢中性感ヤマト』**

たぶん、オーナーや店長が店名だけ思い浮かんだだけってパターンだろうな〜。だって、普通のファッションヘルスだったもん（と、記憶している）。でも、笑えるよね。

・**『やマットなでしこ』**

2000年に流行ったドラマの題名が元ネタのマットヘルス。残念ながら松嶋菜々子系キャストさんは在籍しておらず。それでもヌルヌルになれてよかったよ！

・**『ワイフドア』**

当時、ホリエモンのライブドアが流行っていて、人妻デリヘルならではのネーミング。ドアを開けたら即尺が始まるという、そのテのプレイのパイオニア的存在だった。

・『ウルトラの乳』

これ、今も大盛況の大阪の胸フェチ専門店でして。さすが大阪だよな〜って思わせるネーミング。姉妹店に『ウルトラのママの乳』や『ウルトラのB乳』があって笑える。

・『ヌッキーマウス』

ノーコメントにしたい大胆な店名だよな〜。舞浜にあったらおもしろかったんだけどね。ちなみに『フェラルドダッグ』なんて店もあった。今だったら即アウトなネーミングだな。

と、このように、まずは店名から入るのもアリだと思うんだ、俺は。それで「店名通りのプレイ内容だった！」とか「店名からは想像もできないプレイだった！」って感じで楽しめればいいんじゃない？　少し残念なことだけど、最近ではこういった遊んだネーミングの風俗店が少なくなってきているけど、個人的には新規ユーザーの拡大のためには有効だと思っている。だから、もっとブッ飛んだネーミングを期待しているよ！

色々なプレイを楽しむべし

さて、風俗だけど、やはり、〝プレイそのもの〟を楽しんでほしいと思う。

そして、よりディープに楽しむために活用してほしいのが少し変わったイメージプレイやオプションだ。今はホテルやレンタルルームなどでプレイをする派遣型風俗店が多いから、凝ったオプションはできないけど、俺が風俗にハマり始めたころはイメージプレイ専門ルームを備えたお店が実に多かった。そんな思い出を交えつつ、おもしろプレイのオススメを書こうと思う。

・のぞきプレイ

まぁ、俺の風俗デビューともいえるのが、のぞき部屋だったからね。思い入れがあるっていうか、初恋の相手の話をするみたいなもんだけど。ただ、のぞき部屋自体が日本で数えるほどしかない昨今、プレイで楽しむしかないんだよな。〝のぞき〟オプションがあるお店があって、これはホテルのバスルームでシャワーを浴びているキャストさんをドアの隙間から覗くってもんだけど、先方も気付かないというシチュエーションゆえにお股を洗うときなんて大胆なんだよ！　で、見つかって「ヒクソンさんのエッチ！」って怒られるのがタマんねえな～。しずかちゃんに「のび太さんのエッチ！」って言われるようなもんだ（たぶん、な……）。

また、昔のことだけど西川口のイメクラで『妹の寝姿を覗き見プレイ』なんてものがあった。これは二段ベッドの下に妹役のキャストさんが寝ていて、それを穴の開いた床版《しょうばん》で作られた上の段から覗きながらシコシコ……って感じでプレイをするんだ。そして、シコシコすることに飽きたら覗き穴にポ○チンをインサートすると下の段からイジってもらったり、しゃぶってもらったりするワケ。今では絶対に無理だろうな……。

・オフィスプレイ

俺、職人とはいえ、月給制ですから、一応、会社員なんです。と、いっても和菓子を作る現場は男だけだし、隣接する売り場には女性もいるけど、そろそろ50歳の俺が一番年下。つまり、ババァしかいないんだよ（その女性社員が本書を読まないことを切に願う）。それで、憧れてしまうのがデスクがズラリと並んだ社内で繰り広げられるオフィスラブな。読者さんにとってはオフィスで仕事をするのは日常かもしれないけど、俺には非日常な世界なんだ。

イメージクラブが全盛のころ、都内にもオフィス系のイメクラがたくさんあって、スタンダードなオフィスを模した部屋だけではなく、重厚なデスクセットが設置されている重役室ルームや給湯室ルーム、さらには、使っていないエレベーターのゴンドラに小型のベッドを持ち込んで、そこでプレイができるルームも有するイメクラもあった。それで大抵は客が上司役で新入社員役のキャストさんにセクハラをする設定だったけど、ナチュラルボーンでドMな俺にとっては女性上司から責められる逆セクハラプレイが好きだった！

デリヘル主流の現在はキャストさんがオフィス系の制服を着て、それをイタズラしながら脱がすといった感じのイメージプレイが主流なのかな。それでもコスチュームがスカートではなく、ズボンをはくパンツスーツを用意しているお店があったり、パンスト破りといったオプションも活用すれば、それなりにそれっぽいプレイを楽しめるから、やってみてほしい。

・学園プレイ

オフィスプレイと並んでポピュラーなイメージプレイといえば、学園プレイだ。セーラー服やブレザーといった、いわゆるＪＫ系の制服を着れば、それだけでプレイが成立してしまうので、派遣型風俗店でも積極的に取り入れているところが多いと思う。いまだに『〇〇学園』とか『〇〇女子校』といった感じの店名が多いことも、それを物語っているでしょ？

店舗型のイメクラでは学校で使っている机セットを並べた、教室風のプレイルームがメインだった。そのほかだと先生が生徒にセクハラするイメージプレイ用の職員室や、保健の先生にイタズラされる逆セクハラ系プレイ専門の保健室ルーム。あと、横浜の某イメクラには〝体育倉庫ルーム〟があって、跳び箱とか体操用のマットが置いてあるんだ。体育倉庫でイチャイチャ……思春期の夢が叶うと思うと、胸と股間にアツいものがこみあげてくるってもんだ。跳び箱にまたがった状態でシコシコされた日には、手コキ好き冥利に尽きた！

・痴漢プレイ

日常でやってしまうとアウトなことが風俗でのプレイの名のもとであれば許されてしまうことも醍醐味だろう。その最たるものが痴漢行為だ。「ちかんあかん！」と関西の某鉄道会社のキャッチフレーズのように叫んでしまった俺であるが、欲望に忠実になって社会でアンモラルなことをするのは言語道断だ。それでも欲望がほとばしっているのであれば、風俗へどうぞ！

痴漢プレイを楽しめる店って、今でも多いんじゃないの？　最近ではＤＩＹで吊革を作って、それをホテルの壁に装着して電車内の雰囲気を出したり、各店が工夫しているのも、まだまだ捨てたもんじゃねえなって思う。

店舗型の場合、本当に電車内を再現したプレイルームを作る店が多く、部屋のＢＧＭが車内アナウンスだったりする。驚いたのは横浜の痴漢イメクラで「東海道線、京浜東北線、山手線、どれがいいですか？」って聞かれたことだ。なんでも、スタッフさんが、それらの電車に乗って実際に録音してきたっていうから、これは運営する方も風俗バカだって思ったし、リスペクトしたよ。

ザッと代表的なイメージプレイを紹介したけど、その他にも非日常を体験したければ、『女装』オプションもオススメだね。手コキとかM性感とかキャストさんが責めるようなタイプのプレイで需要のあるオプションで、それこそもう一人の自分に会えるんじゃないの？　あとは軽く手だけを拘束したり、キャストさんに裸エプロンになってもらったり、プライベートじゃできないことをして、その世界観にドップリと浸れるようになれば風俗バカの第一歩だからね。

最後になるけど、一番大事なのは〝なりきること！〟だ。お互いに裸なんだから恥ずかしがることなく、なりきってオプションやイメージプレイの世界を楽しんでほしい！

ヒクソン☆高田の忘れがたき、思い出のキャスト

さて、未経験者の方が風俗で遊ぶことに躊躇している理由の一つに「〝地雷〟に

当たってしまうのではないか？」という警戒心があるかもしれない。

最近では日常的に地雷女といった言葉が使われているし、それだけは避けたいよな。できたら会いたくはない。でも、ましてや風俗はコチラが金を払っているだけに、それだけは避けたいよな。

でも、現実は……まぁ、最近は地雷専門店なんてものもあるほどだし、ある意味で、風俗の楽しむ要素にもなっているのも事実だ。言い訳じゃないけど、そういうインパクトのあるキャストさんのほうが思い出に残るってもんなんだよ！

もちろん、純粋にいい女のコも思い出に残る！　と、いうことで、ここからは『ヒクちゃんが出会った思い出のキャストあれこれ』をお届けしよう。

・『元祖フードルは〇〇〇中』

実は俺が一番最初にドハマりしたフードルが地雷だった。

それは池袋の超有名なファッションヘルス（現在は閉店）のキャストさんでロリ系の可愛い女のコだった。「なぜ、こんな娘が風俗で働いているの？」の典型的なタイプっていうのかな。ルックスだけで好きになり、例の予約機を使って、やっと会えた。超可愛かった。少し不思議ちゃん（話のテンポが合わないなど）だったけど、何度も指名した。

しかし、5回目位から話の合わなさがヒドくなっていき、ドンドンやせ細っていくんだ。何よりも目が泳ぎ始めたんだ、プレイのたびに。それで、ある日、突然辞めちゃった。

同店の別のキャストさんに入った時に聞いたんだけど、フードルとして売れるほどお金が入ってくる。そのお金の大半をドラッグに使っていたのが発覚して、塀の中に行ってしまったらしい。俺は何度も天国へ行かしてもらったのになぁ〜。

なんか、初恋の相手が逮捕されたようで切なくなったよね。

・『初めてのAV女優キャストの正体は……』

最近ではセクシー女優なんぞ言いますし、セクシー女優専門風俗店なんてものも増えていますが、俺が遊び始めたころもけっこういたんだ、AV女優をしながらキャストもやっているという女のコが。いわゆる人気風俗店と呼ばれる店に一人は在籍していたからね。そりゃあ遊んでみたいってなるわな。

しかし、まだ風俗バブルだったたし、人気も抜群だったから、秘密兵器の予約機を使ってもなかなか予約が取れなかった。それでもＡＶ嬢とプレイしたいな〜って思ってさ。やっとの思いで予約したんだ、他のキャストさんよりも5倍の指名料金（５０００円）を払ってね。いわゆる一念勃起、いや、一念発起ってやつです。

やっと会えた彼女はＡＶで見たまんまの美女だった。こりゃあ、普通のキャストさんとは違うと思うじゃないですか？　やっと会えた彼女はプロポーションも作品で見たまんまのスレンダーさだった。やっと会えた……〝やっと〟と繰り返すのは予約時間にこなかったんだよ！　店が電話をしたら「今、家を出たそうです」とのこと。出前かっ！　で、やっときたら「撮影で忙しいんだよね〜」とか「ハッキリ言って、風俗よりもＡＶ出てた方が稼げるし」とか言い出す始末だ。

だけど、この時は、まだ〝地雷嬢〟の単語も知らぬ俺だったから、会えただけで素直に嬉しかったし、プレイを開始してもなかなか脱がなくても嬉しかった。だから先走って俺だけ全裸になってな。そしたら、「ちょっと一服させてよ」ってタバコをプカ〜！　その後、「彼氏が某Ｖ系バンドのボーカルでさ……」とか「こないだ、俳優の○○が指名してきた」と、くだらない話を30分も聞かされるというね……聞きたくもねえって！　シャワー中にバストを触ろうとしたら、本気で手を叩かれるし、ベッドでは手コキのみですよ！

「え？ ヒクちゃん、手コキ専門だから幸せじゃん！」って言われそうだけど、その時はフェラこそ神だって思っていた時期だ。しかも、その手コキっていうのが、まさかの〝ゴム手コキ〟！ ちなみに「ゴム＝コンドーム」じゃないよ！ そのAV女優がゴム手袋をしていたんだ。しかも園芸用の滑り止めのイボイボが付いたやつな！ 今だったら「逆に気持ちいい〜！」って言いきれるんだろうけどな！ 当時はそんな余裕なく撃沈したって〜の！

・『日に日にアレが増えていくキャストさん』

今から5年位前のこと。俺にしては珍しく高級デリヘルにハマった。そこに顔がドストライクなキャストさんがいたのが理由。女優・タレントの香○奈さんソックリなんだ、そのキャストさんが。高級デリヘルでも、もちろん、手コキフィニッシュを望むという……。おかげで、そのお気に入りキャストさんにも「手コキでラクチンな客」って感じで気に入られた……と思う。

なぜ、彼女が気になったのか？ 公式サイトのプロフィール写真の美白肌にブルーのランジェリーが映えているルックスはもちろんのこと、不思議な点があったんだ。これだけの美人なのに予約枠が埋まらない！　いつでも即案内が可能なんだ。ははーん、これは地雷臭がしますな！　このころになると地雷嬢も余裕で楽しめるようになっていたので指名するようになったんだ。ちなみに、あえて地雷と思えるキャストさんを指名することをヒクソン☆高田用語では『地雷投資』っていうんだけどな！

それはさておき、ここからはそれぞれの好みの話になるけど、タトゥーが入ったキャストさんって、どう思う？　俺はオッサンだから、う〜ん……って感じだけど。ま、ワンポイントならば……いや、美人だったらいいか！　そんな寛大な感じだ。そう、その彼女、タトゥー嬢だったんだ。しかも、不気味なホラー系のやつな。そりゃあ、リピートはつかないよな〜なんて思いつつ。ここでヒクソン流〝風俗で良い思いをするための小技〟を紹介する。

「そのタトゥー、綺麗だよね！　似合ってる！」

そう、褒めちぎり作戦だ。すると、キャストさんも「嬉しい〜！　ありがとう！」なんて満面の笑みを浮かべて濃厚サービスをしてくれるってもんです。

ぶっちゃけ、顔は香○奈だし、顔さえ見てればタトゥーは俺の目に入ってこないんだからさ。しかし、だ。俺が褒めちゃったのがいけなかったのかな。なんだかんだで週イチで通うようになったんだけど、会うたびにタトゥーが増えていったんだ。20回目の指名では、まるで服を着ているみたいになっちゃってね……。それだけじゃない。彼女はピアスにも凝っていたんだけど、両耳にイッパイになっちゃったんだろうね。耳以外に、まず両乳首を貫通させたんだ、ピアスで。そして、俺的なトドメは鼻ね！　輪っかが付いた！　まるで牛みたいで……俺、笑っちゃって顔も見てられなくて、それで通わなくなっちゃった。

・『まるでサイボーグな彼女と…』

これは渋谷の美人フードルAちゃんの話。

2000年代の風俗誌の表紙を総ナメにしてきた最後のフードルといもいえる存在で、俺もファンになった。

さて、当時の紙媒体って、キャストさんのグラビアが過激だったんだよ。オッパイはもちろん、ヘアーも出していて、俺はウエルカムだった。しかし、Aちゃんはオッパイどころか下着までの露出で、媒体でヌードNG嬢だったんだな。これは、つまり、「店にきて見ろ！」ということであり、俺も、早速行きましたよ。で、写真通りの美女だったんだけど……。

なんだろ？　顔……っていうか、表情に違和感があるっていうか。いや、整形云々じゃないんだ。〝動かない〟んだよ。つまり、完璧な無表情なんだよね。だから、「なんか愛想の無い嬢だなぁ」っていうのが正直な俺の第一印象。でも、誰がどう見ても美人なんだな。故にさぞかしリピーターも多いだろうと思って聞けば、か細い声でポツリと「いいえ」だって。

ここで、こりゃあ地雷嬢だと思った。だって、プレイも淡泊っていうか機械的で事務的だし。

若いわりにキャピキャピしていないし、笑わないし、表情も暗いし、客をもう一度呼ぼうっていう気力が1ミリも感じられない！　普通ならば、これっきりだ。だけど……彼女が気になって仕方ないというか、地雷であれば地雷でヒクソン☆高田の地雷投資を発令させるしかないだろ！　そう思い、翌週にリピートした。すると……相変わらず無表情に近いんだけど、一言、

「え〜、なんで私〜〜（チョイ笑い）」

だって！　そう笑ったんだよ！

クララが立った以上に感激だったね、俺は。なんでも、翌週にリピートされたのは初めてだったとのこと。そこからは毎週、指名した。接客態度は日に日に人間味を増し（↑いや、最初はマジでサイボーグかと思ったほどだから！）、彼女曰く、俺のおかげで「この仕事で自信がついた！（満面の笑み）」とのこと。

そんな彼女、この本を書いている今（2020年秋）では銀座のクラブのママで注目を集めているらしい。俺は言いたいよ！　Aちゃんに接客のイロハを教えたのはヒクソン☆高田だとな。今もSNSでつながっているけど、俺の地雷投資は間違っていなかった！　そう思わせる〝ちょっといい話〟だろ？

・**『同じ道を志す者として!?』**

思い出のキャストのラストも〝ちょっといい話〟を書こう。

3年前のこと。俺の風俗遊びのルーティンに、プレイ前後のタイミングの違いはあれど自分が作った和菓子をプレゼントすることが多い。それで、その時のお相手のキャストさんは年齢的には20歳前後かな。まるで親子じゃん、みたいな雰囲気だけど、めちゃくちゃ良いコだった。ただねぇ……予約時間にちゃんとこないことが多いんだ。1時間近く遅刻することもザラで。でも、素直で良いコだし……ということで、ここで遅刻も許す寛大なカリスマ客を演出していますってい うか、彼女の正体を知っているから俺も何も言わないんだけど。

それは初めて指名した時のこと。いきなり1時間の遅刻に、やんわり注意するっていうか、理由を聞いたら「専門学校に通っていて課題を終わらせてきた」とのこと。な〜んだ、健気だな〜って思い、プレイ後に御約束の和菓子の差し入れをしたところ、「えーーっ！　アタシ、製菓学校行ってるんです！」って言うじゃない。ま、洋菓子科だけどね。どーやら、パティシエ目指してるとか。

その次の指名からはプレイ後に洋菓子パーティーですよ。「先輩（俺のことな）、批評してください！」って。そう言われてもなぁ、俺、洋菓子の世界ってまったくわからんって。それでもマドレーヌをいただいては「もう少しバターを効かせたら？」とか、プリンには「うーん、砂糖が足らないかな……」って、それなりのことを言ってみたりしてな。たぶん、20種類くらい、彼女の洋菓子を試食したと思う。

その後、ほどなくして退店しちゃったけど、和菓子と洋菓子とでは違えど、同じ菓子職人として今では立派なパティシエになっているとイイですね……と、紳士的に締めておく俺であった……。

思い出のキャストさんの話はまだまだあって、一冊にしたいほどだ（いよっ！彩図社さん、第二弾のテーマはコレでキマリだね！）。お気に入りのキャストさんを見つけることは、風俗を好きになる近道。ぜひ、〝心の恋人〟を見つけてくれ！

ヒクソン☆高田の風俗アソビの極意とは？

と、こんな感じで、風俗の楽しみ方を綴ってきたけど、最後は俺、ヒクソン☆高田流の『風俗の愉しみ方の極意』を書いておこうと思う。

まず、『風俗はトリップ』だと念頭に置くべし！　つまり、旅行だ。っていうのも、俺の場合、風俗で遊ぶのって、日帰り旅行みたいなもんなんだよ。基本的にプレイは18時ごろスタートにすることが多い。それでホテルのチェックインは昼の12時ごろかな。いわゆるホテルのサービスタイムが始まる時間からチェックインして、まず、ゆったりと風呂に浸かることから始める。それで、ベッドで寝そべりながら映画を2本観て……っていう感じなんだ。ちなみにAVはなるべく観ない。だって、そこでシコシコしちゃう可能性があるじゃん！

そうこうしているうちにキャストさんが到着。で、ここでやるのが、初めて指名するコの場合は、ドアの覗き窓から嬢が到着するのを待ち、ドアの前にきた瞬間にドアを開けるんだ。いわゆるサプライズってやつだね。「キミを待っていた！」って感じで迎え入れれば悪い気はしないでしょ？　逆にリピートのコはチャイムが鳴ってからドアを開けて、部屋に入ってきたら和菓子のプレゼントだ。この時点で「つかみはＯＫ！」ってなる。ちなみに初めてのコや、まだ親しくなっていないコにはプレイ後にお土産として和菓子をプレゼントしている。それは自分の印象付けのためで、「ヒクソン☆高田ここにあり！」って言いたいだけなんだけどな！

さて、俺のお気に入りのキャストさんへの〝特典〟は和菓子だけじゃない。気分よくしてくれた場合は、プレイ後にお寿司の出前をとるんだ。これは感謝の気持ちだし、まぁ、俺、遊ぶ日って発射に集中するために一切、食事を摂らないでチェックインするんだ。それで、プレイをした後に寿司を食べたくなるんだな。

キャストさんも喜んでくれるしね。ま、時々「ヒクちゃん、寿司、飽きた！　うなぎにして！」なんて言われることもあるけど。最近では12時にチェックインして20時ころに寿司で締めるってのが俺のプレイルーティンだ。な？　風呂にゆっくり入って、寿司まで食べて、まるで日帰り旅行だろ？　で、本当にイクからリアルな〝Go　to　トラベル〟だと思ってるよ（なんのこっちゃねん！）。

と、書いて、「和菓子をプレゼントしたり、寿司を御馳走したり気をつかい過ぎじゃね？」って思う人もいるでしょう。でもね、ちょっとした気づかいでキャストさんが楽しんでくれてプレイが濃厚になるんだったら安いもんじゃないか。それに和菓子を渡すことで自分を覚えてもらえるんだったら、昼は和菓子職人、夜はカリスマ風俗客冥利に尽きるってもんで。もちろん、過度な期待もしないけどさ。

結局、風俗を遊ぶにあたって一番大事なのはキャストさんに嫌われないこと。ルールとマナーを守っていれば印象もいいし、プレイも濃厚になるってもんだ。変態な俺でもキャストさんの前では紳士でいるようにしているのはそういうこと！

ということで、次ページには『風俗で遊ぶ日のヒクちゃん』の一日を追ったレポートがあるぞ。

ヒクソン☆高田　華麗なる一日

風俗に対して、並々ならぬこだわりを持つヒクソン☆高田。彼が「これが究極の過ごし方だ」と豪語する、風俗で遊ぶ際の一日を追った！

12：00 ホテルに赴く

ラブホのサービスタイムを目一杯利用。最低でもプレイ開始の３時間前にはホテルに入るようにしている。俺にとって〝風俗は日帰り旅行〟と同じ。一日かけてじっくり楽しむべきものなんだ。

12：30 ゆったり入浴

部屋に入ったら、まずは風呂を沸かすのが俺流。ラブホの風呂は広くて最高。ここで風呂に入っておけば、家に帰ったらあとは寝るだけ。時間の節約にもなって、一石二鳥だ！

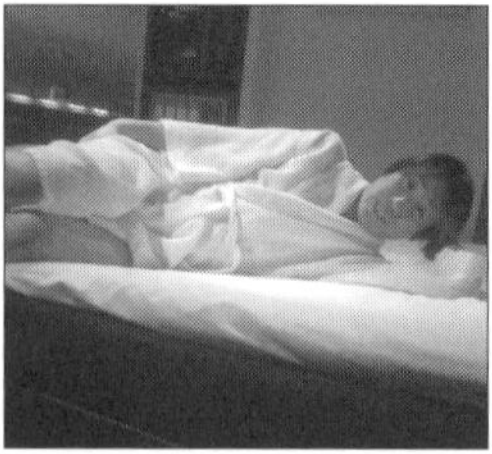

13：30 映画鑑賞

風呂でリラックスした後は、俺の場合、ベッドで寝転びながら映画を見ることが多いね。最近のラブホはオンデマンド配信を備えているんで、大体、２本ほど鑑賞するのがルーティンになってきているかな。

17：30
キャストさん到着！

いよいよキャストさんの到着！　今回は『品川ハイブリッドマッサージ』のトップランカー〝みう〟さんがお相手！　最高の美女です！　まずはご挨拶の和菓子を贈呈！「嬉しい！」って微笑む表情も最高過ぎるって！

18：00
プレイ開始！

『品川ハイブリッドマッサージ』はマッサージを中心にフェラなどヘルスのプレイを堪能できる最高のお店だ！　そして、通常は裸でのサービスなんです♪　みうさん、ナイスボディっす！

19：00
寿司でフィナーレ！

みうさんの緩急を使い分けた手コキの前に発射！　そんな至高の時間の〆は、もちろん寿司タイム！　風呂で始まり寿司で終わるのが俺の華麗なる一日だ！

取材にご協力いただいた『品川ハイブリッドマッサージ』は極上キャストさんによる本格マッサージと濃密ヘルスプレイを堪能できるお店！　みうさん[20歳T153B84(D)W58H86]は予約必至のNo.1キャストさんです。

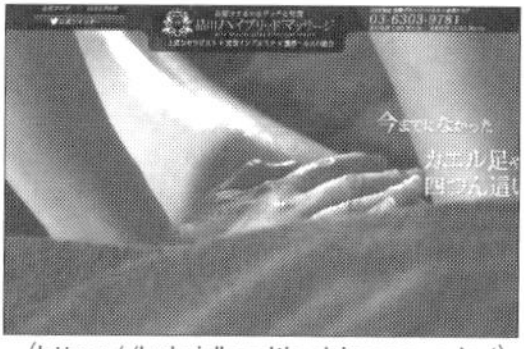

(https://hybridhealth-shinagawa.jp/)

あとがき

「ジラしプレイかよっ！」

やっと書き終えた原稿を振り返り、まず、思ったのはそれだ。っていうのもさ、実はこの本、平成だったころに話があった。つまり、２年以上前のこと。まぁまぁ、そこからはイロイロあってな。前任の構成担当者が音信不通になったり、俺も和菓子職人として忙しくなったり、２０２０年に入ったら例のコロナ禍だ。かなりジラされた気分だよ！　初めてＡＶ女優キャストを指名して２時間も待たされた時みたいだ。

でも、ようやく日の目を見ることになったので、ここはひとまず、めでたいとしておこう。そして、企画が立ち上がってから今日に至るまでに何度もテコかれたからね。つまり、風俗にお金を費やすことができて、おかげで５００万円を上乗せすることができた。もしも当初の予定通りの刊行だったら『風俗に４０００万円を使った男〜』ということで、この本のハクも一枚下がっていたことだろうしさ。おマ○コを……いや、お満を……いやいや、満を持しての発売ということになれば結果オーライだと言えるからヨシとしようじゃないか。イエイ！

それにしても、今回、このような機会をいただいて、改めて自分の風俗客人生を振り返ることができたのは感慨深いのはもちろんのこと、「俺、カリスマ（風俗客）ってよりも（風俗）バカじゃん！」って実感できた。つまり、バカとカリスマは紙一重ってことで。ただなぁ〜。四半世紀に渡ることじゃんか？　ぶっちゃけ、昔のことは「年代とか合ってるかな？」ってアヤフヤなことも多々ある。まぁ、そこは御愛嬌でということで。だって、俺、来年で50歳だよ？　昨日の晩飯すら覚えていないことも多々。テコかれて自分自身で「え？　いつの間にイッってたの？」と思ってしまうほどだ（↑ま、これは冗談だけど。仮に本当だとしてもドライオーガズムってやつで、これはこれで気持ちイイけどな！）。

思えば、とにかく風俗が好きだという一心で四半世紀を生き抜いてきた俺だ。現在の風俗業界には思うところもある。だからといって、それを嘆いたところで仕方ねぇじゃん？　たとえば、この本でも何度か書いたけど、店舗型風俗店の待合室で50歳目前の俺が一番年下だったりするわけだ。これって〝若者の風俗離れ〟って現象を如実に表しているわけで。でも、仕方ないと思うよ。これだけネットがはびこっていたらさ。無料でおマ○コも観られるわけだし、AVだってワザワザ買わなくてもいいって環境だもの。俺みたいに〝おマ○コ飢え〟しなくて済むんだから、そりゃあ、満たされていたら風俗には行かないよな。で、御セックスを必要としないと言い切る若者も多いんでしょ？　だからこそ！　そんな若者に一度は風俗に行ってほしいという想いを込めて本書を書いたつもり。だって、御セックス以上の技術で快楽に導いてくれるのが風俗なんですよ！

やっぱ、令和の今は俺のときみたいに後輩を風俗に連れ出す先輩はおらんのかな？　もしも、俺世代で俺みたいに風俗が好きだっていう殿方がいたら、一度でもいいから後輩を風俗に招待してやってください。それが風俗の未来につながるのだし、俺ら自身も、いつまでも風俗を楽しめるってワケじゃないですか！　とにかく若者には一度でもいいから！　それが自腹でもおごりでもいいけど、なるべくなら自腹で風俗で遊んでほしいと思う。もちろん、俺のように、まずはのぞき部屋からどうだ？　ま、今はそんなにないけどね、のぞき部屋自体がさ……。でも、存在することは存在するんだ、都内に。

　ただね、このコロナ禍の中だ。行くことを戸惑う理由もわかる。だからこそ、早く終息することを切に願うよ。実はこのあとがきを書いている時点で第三波云々と報道されているから絶対に無理、無茶するな。それが風俗に対する礼儀だし、風俗店自体もモラルを持った姿勢を見せてほしい。俺は守るべきものを守ってこそ名店だと思うよ。仮にまたもや風俗店が自粛をしたら、前回同様に「丁度いい休み（充電期間）をいただけた」と思いたい。俺は基本的に風俗以外に金も使わないし貯金もできるし、「風俗に5000万円を使った男」に駆け上がるチャンスだと思っている。その時は彩図社さん！　俺の新しい本を出してください！

　と、こんな感じであとがきを書いていたら気が付いたことがある。俺って、いつからこんなに前向き・ポジティブになれたんだろう？　人見知りが激しくてコミュニケーション能力が皆無な俺だったのに、今では多くの人が共感してくれて、ましてや他人様から「カリスマ！」と呼ばれる日がくるだなんて思ってもみなかった。しかも、こうやって本まで出せたのは不思議で仕方ない。これは本気で思っていることだったりする。そして、少年時代の俺に言いたい！

「何もできなくてウジウジしていたけど、オマエには明るい未来が待っている！」

テコかれるか和菓子を作るしかないと思っていた俺の人生だから……本書ではサラリと書いたけど、俺、小、中、高校とイジメが原因で引きこもりになって、冴えない人生だった。軽々しく書くことじゃないけどさ、幼少の頃は何度死のうと思ったことか……。でも、そんな俺でも風俗に通うことによって輝けるんだから不思議だよな！　ま、「輝いたっけ？」というツッコミは不要だからな！

そんな俺だからこそ断言できることもある。それは、俺と同じ境遇のサラリーマンは、この本を読んで元気になってほしい！　なんでも極めれば、こうやっておもしろがってくれる人たち……つまり、味方が現れると思うんだ。そして、まだ風俗に行ってない諸兄！　風俗に怖いとかネガティブなイメージがあると思う。だけど、この本を読んで分かったでしょ？　風俗は楽しくて、時にはマヌケなことも起こったりする。そして……心がときめくことだってたくさんあるんだよ！　それは、まさに大人のエンタメを楽しめる場所だって。

最後になるけど、今回、編集担当をしてくれた彩図社の権田さん。構成を担当してくれた風俗マニアライターズの亦滑訓仁さん。あと、初代構成（未遂）だったクニちゃん。本書で対談してくださった方々、あと、盟友であり、心の友であるフーちゃん！　本当にありがとうございました！　おかげさまで、こうやって完成にこぎつけた！　打ち上げは俺の好みの店で手コキ手コかれてみたいものだよな～。

そして！　一番お礼を述べたい人たちがいる。俺が風俗バカになるキッカケを作ってくれた90年代～00年代に通いつめたフードルちゃんたちだ！　きっと、今は結婚して幸せな生活を送っているはずだ。切にそう願っているし、もしかしたらフードル時代のことは自分の心のアルバムにしまって鍵をかけている人もいるかもしれない。また、もう過去のことだから振り返りたくないことかもしれない。だけど、もし、この本を本屋で見掛けたら、ヒクちゃんを思い出してくれ！　マジでそう願っている。彼女たちに言いたい。あの時は快感をどうもありがとう！　あの気持ちよさを忘れていないから、四半世紀が過ぎても俺、まだまだ、元気に風俗通いしてますよ～！

クソ客がはびこる現代の風俗業界には、まだまだカリスマ、そして風俗バカが必要なんですよ！　だから「俺は一生、風俗に通う！」と、ここに誓おう！　それが風俗バカの生き様也。

ヒクソン☆高田

■ 著者紹介
ヒクソン☆高田（ひくそん・たかだ）
1971年生まれ、東京都北区出身。昼はキャリア30年を誇る和菓子職人。夜はキャリア25年を誇る風俗バカ。25歳でヘルスとフードルにハマり、これまでに4500万円の大金を風俗につぎ込む。

構成：亦滑訓仁（風俗マニアライターズ）

カバーイラスト：楽ガキコ

風俗に4500万円使った
史上最強の風俗バカ

2021年1月8日 第1刷

著　者　ヒクソン☆高田

発行人　山田有司

発行所　株式会社　彩図社
東京都豊島区南大塚3-24-4
MTビル　〒170-0005
TEL:03-5985-8213　FAX:03-5985-8224
https://www.saiz.co.jp
https://twitter.com/saiz_sha

印刷所　新灯印刷株式会社

　ISBN978-4-8013-0494-9 C0195